Matthias Beltz, 1945 geboren in Wohnfeld im Vogelsberg, aufgewachsen in Gießen an der Lahn, seit 1966 in Frankfurt am Main. Studium der Rechtswissenschaft und des Klassenkampfes, ständige Praxis der Weltverbesserung.
Bühnenzusammenarbeit mit Anne Bärenz und Frank Wolff (Frankfurt), Heinrich Pachl (Köln), Ralf Buron (Berlin), Johnny Klinke (Varieté Tigerpalast Frankfurt) und
Vorläufiges Frankfurter Fronttheater mit Hendrike von Sydow und Dieter Thomas.
Bücher: Schwarze Politik, Frankfurt 1987.
Links vom Main, Frankfurt 1988.

Herausgeber
Dr. Rolf Cyriax

BIBLIOTHEK DER
DEUTSCHEN WERTE

Die Deutsche Opposition

GEWÜRDIGT VON
MATTHIAS BELZ

Die Rechte an den Texten dieses Buches liegen bei Matthias Beltz. Es wird ausdrücklich darauf hingewiesen, daß es insbesondere nicht gestattet ist, diese Texte ganz oder auszugsweise öffentlich oder nichtöffentlich vorzulesen oder vorzutragen.

Originalausgabe 1989
© 1989 by Droemersche Verlagsanstalt Th. Knaur Nachf., München
Das Werk einschließlich seiner Teile ist urheberrechtlich
geschützt. Jede Verwertung außerhalb der engen Grenzen des
Urheberrechtsgesetzes ist ohne Zustimmung des Verlages
unzulässig und strafbar. Das gilt insbesondere für
Vervielfältigungen, Übersetzungen, Mikroverfilmungen und die
Einspeicherung und Verarbeitung in elektronischen Systemen.
Umschlaggestaltung Adolf Bachmann, Reischach
Umschlagillustration Dieter O. Klama, München
Satz IBV Satz- und Datentechnik GmbH, Berlin
Druck und Bindung Ebner Ulm
Printed in Germany

2 4 5 3 1

ISBN 3-426-02765-8

Inhalt

Deutsch sein und bleiben 9
Stammtisch-Protokoll (Auszug) 13
Gabelin und die Gefahr von rechts 15
Originalton 20
Der Tod des Totengräbers 24
Aus der Geschichte der Opposition 28
Das rot und grüne Chaos 30
Die Hausmusik auf dem Vulkan 36
Rotkäppchen 1 38
Die Moritat vom Kampf gegen den Strom 40
Der Vorschlag des Hausmeisters 43
Gabelin und die Jugend 49
Stammtisch-Protokoll (Auszug) 51
Die bürgerliche Gesellschaft 53
Bilanz 56
Die Opposition in der Biologie 57
Die Verhältnisse 60
Die Liebe 62
Rotkäppchen 2 64
Ein weiterer Vorschlag des Hausmeisters 66
Der Volkskörper 69
Originalton 71
Ein Normalverfall 72
Der bewaffnete Kampf 73
Originalton 75
Die gewerkschaftliche Rede 78

Die kleinen Leute 81
Ein Suchlied 84
Gabelin und die Frauen 86
Rotkäppchen 3 90
Nachwort 91

Menschenrecht bricht Staatsrecht

Deutsch sein und bleiben

Zuweilen geht durch meine Brust politische Ermordungslust. Doch bei unseren Politklamotten lohnt sich nicht das Attentotten. Dennoch besteht kein Grund zur Resignation. Fröhliche Trostlosigkeit ist geboten. Setzen wir uns zusammen und reden wir über Politik, die einzig wichtige Idee, die ständig und täglich in den Schmutz gezogen wird. Da gehen wir doch in die innere Opposition.
Wenn der Begriff Opposition auftaucht, dann stellt sich leicht das Bild des Deutschen Bundestages vors geistige Auge, und man sieht hektische Damen und Herren mit empörten Blicken in die Kameras häßliche Enthüllungen über die Regierung sagen. Auch Demonstrationen fallen einem ein, überhaupt Leute, die irgendwie dagegen sind, irgendwann mal dagegen waren und irgendwo auch nicht mehr wissen, wogegen man noch sein soll. Ja, Opposition stellt sich dar als das eigentlich ständig Negative, das in keiner Suppe ein gutes Haar läßt, ohne sie vorwurfsvoll dem Kellner zu zeigen, die Suppe und das Haar selbstredend, denn Genauigkeit muß sein.
Bei diesem Plaudern erhebt sich gleich eine finstere Gestalt. Eine Gestalt, die selbst etwas abgrundtief Oppositionelles an sich hat, es ist der ernsthafte Einwand, der sich gerade erhoben hat und schon schwere Schatten der Betrübnis um sich wirft.

Ist denn Deutschland nicht geprägt von elender Untertanenmentalität, sind diese Deutschen nicht die größten Arschkriecher auf der Erde, ist nicht deshalb, weil hier alle gehorsam und dumm und mitläufig sind, ein jedes Wort gegen den Strom schon wertvoll für sich, soll man denn nach jahrhundertelanger gebückter Haltung nicht endlich mal die oppositionelle Nase in den Wind halten, egal, woher er weht?
Natürlich bin ich als Demokrat sofort und unverzüglich bereit, JA zu sagen zum Recht auf NEIN. Wir Deutschen sind einfach noch nicht reif anzuerkennen, daß Opposition auch einen guten Zweck haben kann fürs Ganze. Doch halt, hier verrate ich schon den Wert der Opposition als eigenständiger Kraft, indem ich ihr nur dann die Ehre des Akzeptablen erweise, wenn sie per saldo dem Ganzen dient. Das Ganze jedoch ist überhaupt nicht in Ordnung, wie man hört. Hat Opposition vielleicht einen Wert um ihrer selbst willen? Es war doch wohl Richard Wagner in seiner deutschnationalen Schwermusikphase, der gesagt hat, deutsch sei, eine Sache um ihrer selbst willen zu tun. Die Konjunktion von deutsch und oppositionell bringt mich also schon sprachlich und erst recht geschichtlich in eine Identitätskrise.
Jahrelang habe ich mich gefragt, wie deutsch ich bin, was überhaupt Deutschland ist. Jetzt weiß ich es. Deutschland ist zweigeteilt. Nach langen Bemühungen und Forschungen über das Verhältnis von Vaterland und Kinderzorn, Macht und Gegenmacht, autoritärem Staat und freiwilliger Steuerhinterziehung, kurz von Staatsbejahung und Politikverneinung liegt mir das Untersuchungsergebnis vor: Deutschland ist Stamm-

tisch. Es gibt zwei große Stammtische, die gebildet werden aus der Linken und aus der Rechten. Beide sind in der Opposition, beide kommen zu kurz, beide läßt man nicht ausreden, beide sind betrogen, verratzt und verkauft.

Ja, ich kenne nur Deutsche, die sich in der Opposition befinden. Denn deutsch sein heißt auch, das Unerträgliche des Deutschseins ertragen zu können. Daraus folgt die Haltung eines ständigen Protests. Die Arena dieses Protestes nennen wir kulturkritisch die Stammtische der Linken und der Rechten. Natürlich gibt es Überschneidungen, aber bleiben wir zunächst bei idealtypischer Unterscheidung.

Was diese beiden Tische miteinander treiben, das ist entweder die politische Kultur unseres Landes oder der Bürgerkrieg. Als ein Mensch, der sich eigentlich fast immer aus Wirtshausschlägereien herausgehalten hat, bin ich kein Freund des Bürgerkrieges. Ich plädiere für das von Feindschaft, Haß und Mißverständnissen und von der Gnade der alkoholisierten Bewußtseinstrübung geprägte Stammtischgeschrei, den politisch-kulturellen Diskurs.

Ich gehe davon aus, daß alle daran Beteiligten gleich unrecht haben. Das erhöht den Spaß am Gespräch, Rechthaber sind nur amüsant, wenn sie offensichtlich irren.

So werden auf den folgenden Seiten auch nicht vorrangig die Grünen oder die SPD im Bundestag oder die sozialen Bewegungen gewürdigt oder gar die Basis von Parteien, Bewegungen oder Argumenten, nein, es wird hineingehorcht in den unendlichen Redestrom der bipolaren Menschlichkeit, in die deutsche Volksgemein-

schaft, wie sie erbittert und manchmal heiter an ihren Stammtischen hockt und Skat spielt, strickt, Bomben bastelt und Regierungserklärungen schreibt und – vor allem – übelnimmt.
Denn das deutsche Dilemma liegt nicht bloß in der ausgebliebenen bürgerlichen Revolution. Das deutsche Bürgertum hat zudem nie den Stolz zu herrschen entwickelt, das deutsche Bürgertum war immer Opposition. Zunächst gegen den Adel und die Kirchen, dann gegen den Pöbel und die Massen. Es gibt keinen Regierungsstolz in Deutschland. Wie soll da Opposition aussehen?

Stammtisch-Protokoll (Auszug)

Freiheit für alle politischen Gefangenen. Keine Freiheit für Vergewaltiger. Kein Atomkraftwerk in Brokdorf und anderswo. Weg mit der Drogenberatungsstelle Brückenstraße. Keine Umgehungsstraße, keine Entlassungen bei T & N. Schützt unsere/eure Kinder. Vor Strahlungen, falschen Ermahnungen, dem guten Onkel, dem Kinderschänder, vor hohen Treppen ohne Geländer, vor unzumutbarem Unterrichtsstreß und vor der Erinnerung an Rudolf Heß, vor Bomben, Granaten und Heroin, vor Perlon, Rauchgas und Dioxin, vor Tempo 100 und ADAC, vor saurem Fritz und heißem Schnee.
Ausländer raus, Nazis raus, Ausländer rein, Rheinländer raus. Keine Entlassungen. Für sofortige Zusammenlegung. Ausländer rein, Republikaner raus. Deutschland den Deutschen. Schützt den Wald. Rettet die Robben. Freiheit für alle Gefangenen. Freiheit für alle politischen Gefangenen. Keine Freiheit für die Feinde der Freiheit. Tod den Faschisten. Jagt die braunen Ratten aus der Stadt. Weg mit dem Berufsverbot. Schlagt die braunen Ratten tot. Hoch die internationale Solidarität. Mach meinen Kumpel nicht an. Nazis raus. USA = Faschisten. Vorsicht, die Terroristen sind bewaffnet.
Litanei: Schlagt die tot, die die totschlagen, die die totschlagen wollten, die sie jetzt totschlagen.
Zwischen sich und dem Feind einen klaren Trennungs-

strich ziehen. Feindbilder abbauen. Gegen die innerstaatliche Feinderklärung. Liebe deinen Nächsten. Max liebt Anni. Hopp, hopp, hopp, Asylanten-Stopp. Tod dem Schweinesystem. Die Schweine von heute sind die Schinken von morgen. Waffen für El Salvador! Keine Raketen auf deutschem Boden. Gorbi, Gorbi, Gorbi.

Gabelin und die Gefahr von rechts

An der Wand des stilvollen Altbaus, also an der Außenmauer dieses schönen Hauses, klebt ein häßliches Plakat. Eine schwarzrotgoldene Deutschlandfahne wird in der Mitte durch einen Reißverschluß längs geöffnet, und dadurch erscheint ein Hakenkreuz. Eine Parole auf dem Plakat fordert die Vorbeigehenden auf, gemeinsam gegen rechts zu einer bestimmten Uhrzeit auf einem bestimmten Platz zu erscheinen. Es ist der 18. Juni 1989. Die Europawahl findet statt. Ein Bild des Bundeskanzlers ist schwarz durchstrichen, ein großes mit Filzstift gezeichnetes Hakenkreuz zerstört das Gesicht Helmut Kohls. »Nazis nein«, belehrt mich eine dazugehörige Schrift. Man sieht wieder viele Hakenkreuze in Deutschland. Doch sind es selten die Nazis, die sie malen, meist werden die Hakenkreuze aus wahrscheinlich ehrlich gemeinter antifaschistischer Absicht in die Öffentlichkeit gebracht.
Ich bemühe mich, obwohl die Sonne scheint, über die Dialektik von Faschismus und Antifaschismus nachzudenken. Plötzlich höre ich ein fernes Grollen. Bürgerkrieg, schreit jemand, die wollen alle Bürgerkrieg. Die Nazis wollen Bürgerkrieg, und die Antinazis wollen Bürgerkrieg, schreit dieser Mann. Ich zucke zusammen, ich kenne ihn, er hat mich schon entdeckt, der Tag ist gelaufen, Karl Graf Gabelin kommt auf mich zu, er, der von sich sagt, er sei nicht nur der letzte Generalist und

Universalist, sondern auch der einzige, der kraft sittlicher Reife jede Barbarei auf Erden herbeireden könne, wenn er wolle. Er habe aber keine Lust, schließlich lebe er nicht im 19. Jahrhundert, wo Dichterlinge und anderes Boheme-Gesocks leichtfertig nach Barbarei geschrien habe, statt gezielt letal zu koksen oder sonst gutmütig über die Runden zu kommen.
Gabelin umarmt mich, nennt mich einen Kameraden der Niedertracht, eine Rettungsboje der Bosheit im Ozean der Menschen, die guten Willens sind und darum ein Verbrechen nach dem anderen begehen.
Man muß keine Angst vor der Politik haben, sagt er zu mir und drängt mich in die Richtung ortsbekannter Gartenwirtschaften, wir müssen Angst haben vor dem Privatleben. Deutschland kennt keine Politik mehr, nur noch Überleben und Freizeitgestaltung; darum reden alle Schlaumeier davon, der Unterschied zwischen links und rechts zähle nicht mehr in der postindustriellen Informationsgesellschaft. Postmoderner Quark, flucht Gabelin vor sich hin, Geschwätz hirnloser Kulturgestalter, die vor lauter Sphärenharmonie und Aids-Angst das Wesen des Politischen verkennen und frech behaupten, daß es heute nur noch um individuelle Eigenheiten oder um Geschlechterrollen oder um die Kunst oder am besten einfach um gar nichts mehr gehe.
Aber wenn die Republikaner, diese köstliche Mischung aus deutschem Lindenblütenduft – riecht nämlich wie frisch gewichst – und dummdreister Mondgesichtigkeit, aber wenn diese Republikaner, in denen sich das oberschlesische Ideal, daß Politik am besten von der Polizei gemacht wird, verkörpert, wenn diese fröhliche Wachtmeisterschar über den Tellerrand des Parlamentaris-

mus blickt, dann heult sie plötzlich auf, die Kulturschikkeria, träumt von Exil und weltliteraturhafter Bedeutung durch tapferen Widerstand.
Gut, räumt Gabelin ein, daß Ausländer Angst kriegen, wenn der deutsche Gartenzwerg seine Vorgartenvorurteile propagiert und sich mit tödlichen Gießkannen bewaffnet, das verstehe ich wohl. Aber Menschen, die seit Jahren nichts anderes im Kopf haben, als noch in der kleinsten Bäckerei Hinweise für einen neuen Faschismus zu finden, diese Leute, deren mentaler Zustand das Lagerdenken ist, Deutsche, die noch hinter jedem schlecht gezapften Bier eine imperialistische Weltverschwörung wittern, ja diese Mitbürger sind doch zum Aus-der-Haut-Fahren, beruhigt sich Gabelin wieder.
Wir haben eine große Aufgabe, sagt er, und wir betreten die berühmte Gaststätte »Germania« in der Textorstraße im Stadtteil Sachsenhausen. Wir haben die Aufgabe, Europa zu retten, und wenn wir hier in Frankfurt anfangen müssen, es muß sein. Der Kellner nickt uns zu und stellt ungefragt zwei Schoppen Apfelwein auf den Tisch. Das ist Kommunikation, sagte Gabelin, da fällt kein Wort, da ist ein Einverständnis, einfach und überzeugend, das ist die reinste Utopie. Aber im Staat und erst recht in der Politik sind wir noch nicht so weit. Europa retten heißt Deutschland in Ordnung zu bringen, ruft Gabelin den Gästen am Nachbartisch zu. Ist wunderbar, antworten sie, fang schon mal an, wir kommen nach.
Gesindel, flüstert Gabelin mir ins Ohr, die tun nur so freundlich, und dabei sind es alle heimlich Linksradikale, die heute volkstümlich auftreten, sich so verstellen, daß sie glauben, sie erschienen volkstümlich oder

sogar volkhaft. Jeder Linke weiß doch, daß das deutsche Volk an sich rechts ist und bleibt, und deshalb prosten sie mir zu, weil sie mich für einen aus dem Volk halten, dem man erst einmal recht geben muß, dem Depp, weil er doch verführt ist vom System, von den Machern.
Diese Linke ist so dumm, wie die Rechte feige ist, sagt Gabelin, das ist heute die Tragödie der Politik, nein, zur Tragödie reicht es nicht, das ist die Farce, und wenn wir die nicht beenden, dann wiederholt sie sich als Tragödie.
Wir müssen in Deutschland die Linke und die Rechte wieder zu ehrenvollen Feinden machen und auch die Mitte nicht vergessen, liberal, konservativ, sozialistisch – das ist ein Dreierset, da kann Politik draus werden.
Je mehr aber die Linken den Kampf gegen die Republikaner oder die Nationalsozialisten als Kampf gegen rechts führen, um so mehr wird die Rechte nationalsozialistisch. Und je mehr die Rechten bestreiten, rechts zu sein und sich bloß als Mitte ausgeben, um so mehr wird ein Bedürfnis entstehen nach einer knallhart richtigen Rechten, stahlgewitternd und hitlerfreundlich – und dann stehen wir da, und es will wieder keiner gewesen sein.
Gabelin bestellt jetzt einen Handkäs mit Musik und spricht weiter. Nicht mit mir, das sag ich dir. Es kann sich keiner durch die Gnade des Ungeborenseins aus der Verantwortung stehlen. Wir sind alle dran. Und deshalb müssen wir die politische Linke, die ja von Haus aus eine masochistische Linke ist und Schmerz als Erkenntnishilfe braucht, solange beschimpfen und zur Sau machen und in Grund und Boden stampfen und regelrecht rupfen, bis sie sich wehrt.

Das Emanzipationsgesindel dünkte sich ja schon an der Macht, nur wenn in einigen Kommunen Koalitionen zustande kamen. Aber die Macht ist noch weit. Und die Rechten kämpfen um die Mitte und um Wählerstimmen vom rechten Rand und um die Gunst der Intelligenz, statt zu wissen, daß ein rechter Kampf um die Macht zu führen ist gegen eine starke selbstbewußte Linke, die man braucht, damit einem die Gedanken nicht ausgehen und die Ideen und das Leben. Im Wartesaal des Beamtenstatus fällt einem nichts mehr ein zu Deutschland.

Oder auch zu Europa – ist mir doch scheißegal, kreischt Gabelin plötzlich hysterisch los, wie du das nennst, du kannst auch Hessen sagen, Hauptsache, du denkst politisch. Und nicht privat, also ökonomisch – heute denken alle nur noch ökonomisch, oikos heißt Haus, jeder denkt nur noch an sein Haus und seine Wohnung und seine Familie und schreit nach dem starken Staat, wenn ihm jemand ans Häuschen will. Die Steuer wird hinterzogen, aber die Polizei soll ihn schützen vor Einbrechern, das ist der Deutsche von heute und seine Opposition gegen den Staat.

Gabelin holt den Kellner herbei und bestellt eine Lokalrunde. Nur wenn ich manchmal die Illusion habe, dieses Volk im Ernstfall sehnsüchtig, also vergeblich lieben zu können, nur dann bleibe ich Demokrat. Wenn ich sie aber alle hasse, dann werde ich Stalinist. Und ich glaube, ich hasse sie, sagt er, und deshalb spendiere ich jetzt eine Lokalrunde, um nicht den Tag als Stalinist zu beenden.

Originalton

»Kontinuität. Alles, beinahe wirklich alles wurde nach 1945 von den Besiegten, unter heroischen Anstrengungen, anders gemacht. Selbst jede Wagner-Oper wird heute so inszeniert, daß Adolf Hitler während des 1. Aktes wutschnaubend seine Loge verlassen müßte: das ist sogar das vorrangige Kriterium der Inszenierung. In drei Dingen jedoch ist das deutsche Volk dem Führer treu geblieben: in der Liebe zum Auto, in der Liebe zum Hund und im Haß auf den Raucher.«

Günter Maschke: Kraut und Rüben. Vorletzte Lockerungen. In: *Dritte Etappe*. Bonn 1989.

»BILD: Was sagen Sie, wenn man Sie als Nazi tituliert?
Franz Schönhuber (Republikaner): Ihr Armen im Geist; ihr habt keine Ahnung von der Geschichte. Ich lebe seit fast fünfzig Jahren in der Demokratie, bin einer der meistausgezeichneten Bayern, habe den Verdienstorden des Landes. Kein vernünftiger Bayer kommt auf die Idee, mich in diese Ecke zu schieben. Das sind verhetzte Menschen.
...
BILD: Könnten Sie sich auch eine Zusammenarbeit mit der SPD vorstellen?
Schönhuber: Als ich aus dem Krieg nach Hause kam,

habe ich Kurt Schumacher gewählt und nicht Konrad Adenauer. Das war ein national denkender und sozial empfindender Mensch. Wäre die SPD wirklich dem Sozialempfinden verpflichtet und nicht von Politologen und Soziologen bestimmt, hätten wir fallweise eine größere Nähe.«

BILD vom 20. Juni 1989.

―――

»TEMPO: Autonome und Neonazis haben eines gemeinsam: Beide kämpfen gegen den Staat. Warum schließt ihr euch nicht zusammen?
Michael Kühnen (Freiheitliche Deutsche Arbeiterpartei – FAP): Ich würde gern mit ihnen darüber diskutieren. Es gibt eine Reihe von Gründen, gemeinsam zu agieren: Sowohl die Autonomen als auch die Nationalsozialisten verachten die bürgerliche Ordnung. Beide hassen die Dekadenz und bekämpfen die Demokratie. Wenn wir das Schweinesystem beseitigt haben, können wir immer noch untereinander ausschießen, welche Ordnung besser ist.
TEMPO: Was hindert euch dann an einer Kampfgemeinschaft?
Kühnen: In den Augen der Autonomen sind wir ein Teil des herrschenden Systems. Das ist Unsinn. Wir haben weder mit den weinerlichen Demokraten noch mit den Altnazis was am Hut. Obwohl wir das Gestern besser finden als das Heute.
TEMPO: Also doch ewiggestrig?
Kühnen: Nein, das ist nur eine Floskel. Ich, zum Beispiel, war von der Gründung der Grünen begeistert. Die

erste Bewegung nach dem Krieg, die in ihrem Parteiprogramm die biologischen Gesetze des Lebens verankert hat. Später wurde ich enttäuscht, weil die Grünen keine ökologische Weltanschauung entwickelt haben. Sie fürchten vermutlich, auf den Nationalsozialismus zu stoßen. Denn der Nationalsozialismus war die erste konsequente ökologische Ideologie.«

Interview in TEMPO, Heft 2 (Februar) 1989.

―――

»Staatsautorität als Selbstzweck kann es nicht geben, da in diesem Falle jede Tyrannei auf dieser Welt unangreifbar und geheiligt wäre...
Menschenrecht bricht Staatsrecht.«

Adolf Hitler: *Mein Kampf*. München 1941. S. 104f.

―――

»Moment mal, Neuss, wie kommst du denn dazu, immer wieder zu behaupten, daß die GRÜNEN die BRAUNEN sind? Mal ganz primitiv erklärt: Das Volk, die Masse hat das Wort ›NSDAP‹ gar nicht wahrgenommen. Fürs Volk waren das immer nur die BRAUNEN – die BRAUNEN kommen, die BRAUNEN wollen, die BRAUNEN können, die BRAUNEN machen das und das... DIE BRAUNEN, das war die Vibration im Volk. Weder gut noch böse, einfach die BRAUNEN. Das ist das, was DIE GRÜNEN erst mal abzutragen haben; etwas ganz Harmloses, was nichts mit Auschwitz und Judenmord, nichts mit Diktatur, Demagogie und Unbeherrschtheit zu tun hat, sondern einfach damit, daß nach den BRAUNEN jetzt die GRÜNEN da sind. Zur Erklärung eine Binsenweisheit: Auf der Erde herrscht ein ständiges Kommen und Gehen, in *dieser* Sekunde sterben zigtausend Menschen und zigtausend werden neu geboren. Die Geister wechseln sich ununterbrochen ab, geben sich sozusagen die Klinke in die Hand... Goethes Geist ist heute als Getty da, Schiller als Hippie usw. – die Körper sterben ab, aber der Geist stirbt nicht und wird immer wieder angeboten (von der Schwingung, vom TAO, vom lieben Gott), so lange, bis er gut ist. Im Jahr 2050 vielleicht wird dann aus Hitler das, was wir von ihm erwarten: ein Hit. Hitler ist ein Hit, wenn er nicht mehr auffällt.«

Wolfgang Neuss: Nostalgie. In: *Der gesunde Menschenverstand ist reines Gift*. München 1985. S. 68f.

Der Tod des Totengräbers

Wolfgang Neuss ist tot, reden wir über die Weltliteratur. Die Narren, deren Ernsthaftigkeit nach ihrem Tod auch halbamtlich akzeptiert wird, sind eh nur Figuren der Imagination, sie haben nie gelebt, es gibt keine Narren.
Trotzdem hat William Shakespeare eine Wanze in der Lohmeyerstraße in Berlin angebracht, um die Totengräber im Hamlet nach dem Bilde zu formen dessen, der da saß und Tag für Tag Gruben aushob. Auch Katharina Thalbach hat bei Wolfgang Neuss abgekupfert und umgekehrt. So schließt sich der Kreis zwischen Sozialismus, Asyl und heiterer Trostlosigkeit. Ein Drittes gibt es nicht, denn die Aufgabe des Kabaretts, die Idee von einer besseren Gesellschaft, vom Frieden, vom Humanismus und von Gerechtigkeit & Glück & Freiheit ständig begraben zu müssen, diese Aufgabe hat Wolfgang Neuss – der Herr hat seinen Schwanz gestraft, aber seine Seele nicht verletzen können – als erster Humorbeauftragter des deutschen Volkes verstanden.
Mit den Ideen ist es wie mit den Seelen. Wenn sie stehenbleiben und nicht wandern von einer Form zur andern, dann werden sie dumm und dusselig. Es muß wieder ordentlich gestorben werden, bevor was Neues passiert. Jeder Idiot fängt heute schon am frühen Morgen an, was Neues auszuprobieren, feilt an seiner ausschließlich ihn selbst überraschenden Individualität, bastelt sich einen Schnittmusterbogen für einen neuen

Arschbackenüberzug. Es nutzt aber nichts, weil die Mode ja nur die ewige Wiederkehr des Neuen ist, wie Walter Benjamin in einer Flaschenpost hinterließ, bevor er als Zwerg der frühen Jahre sich von dem soeben verblichenen Neuss ins Kreuz treten ließ. Da haben wir den Salat, beide sind tot, und niemand kann das Gegenteil bezeugen.
Der Neuss ist tot und läßt uns grüßen.
Über Tote soll man nur schreiben, wenn einem auch Böses einfällt. Sonst hat das Leben des Verstorbenen keinen Sinn gehabt. Sonst klau ich ihm sein Dasein und jage es durch die Waschmaschine, den Lavamat post mortem. Das Leben von Wolfgang Neuss hat aber viel Sinn gehabt. Denn er war böse von Grund auf. »Gutartig in der schärfsten Angriffslust: Wolfgang Neuss ging jeden hart an, aber verletzte niemanden unheilbar.« So schreibt die Illustrierte »Stern«, das 35-Groschen-Blatt. Aber der Hingeschiedene war kein guter Mensch, sondern ein großer Künstler, also demokratisch charakterlos bis in die letzte Socke. Er war nämlich nicht grundsätzlich dagegen, sondern dafür. Er war ein typisch angepaßter Opportunist. Aber angepaßt an Verhältnisse, die es nicht gibt, die er sich als künstliches Paradies erschuf in der Arbeit am Hanf.
In den Nachrufen wird nun dieser Mann als Oppositioneller gefeiert, der dieserhalb naturgemäß in einem »Charlottenburger Hinterhaus« wohnen muß, wie die »Süddeutsche Zeitung« und »Die Zeit« behindertenfreundlich ausdrucken. Das alte Ekel hat aber im ersten Stock gewohnt in einem Haus direkt an der Straße, hat die Fenster nicht geputzt und wollte trotzdem dazugehören.

Jetzt trifft er Ulrike Meinhof. Sie haben so manches gemein und sich viel zu erzählen. Beide – geil auf Karriere und Erfolg – haben sich in den frühen sechziger Jahren als kritische Gäste im bürgerlichen Partyleben gesuhlt. »Ich sauf nicht nur Sekt«, hat die Ulrike zum Wolfgang gesagt, »ich denk mir auch was bei.« Und dann haben sie sich gestritten. Wegen der Beatles und der Rolling Stones. Sie hat »Street Fighting Man« geträllert, und er hat von »Lucy in the Sky with Diamonds« geträumt. Sie wollte ein wenig morden und brandschatzen, er hatte das schon hinter sich.

Er hat nämlich Papierflugzeuge abstürzen lassen, und dann ist sein Partner Wolfgang Müller in der Schweiz endgültig mit dem Flugzeug runtergekommen. So hat der Verstorbene sehr unter diesem ungesühnten Mord gelitten.

Und dann nahm er Abschied von Alkohol, Antifaschismus und APO (Außerparlamentarische Opposition).

Mathias Bröckers hat in der »tageszeitung« (taz) geschrieben, daß Neuss sich vom Alkohol- und Medikamentenorgien des 20jährigen Filmstarruhms mit Haschisch kuriert hat. Das ist ein wichtiger Satz. Wolfgang Neuss hat sich ebenso zwischen RAF und Hanf entschieden, er schuf sich ein Ordnungssystem aus Rauch und Feuer, aber er war nicht Feuer und Flamme für diesen Staat. Er arbeitete an der Sucht, die er brauchte, um zur Ekstase zu kommen, die er brauchte, um zur Erkenntnis zu kommen, die er brauchte, um nicht zur Ruhe zu kommen.

Nur wer faul sein kann und bequem, macht sich wirklich Gedanken über die Geschwindigkeit.

Jetzt ist er tot. Und keift nicht mehr. Alle hat er fertiggemacht, der kleine Mann, und hat trotzdem nach vielen und vielen Joints nie vergessen, daß auch Trinker Menschen sind. Das alte Nebelhorn tutet nicht mehr. Am 5. Mai 1989 starb Wolfgang Neuss. Das war zu früh.

Aus der Geschichte der Opposition

Es war einmal ein guter Kaiser. Der hieß Kaiser Wilhelm der Zweite und hatte ein gutes Volk. Das waren die Deutschen. Beide wohnten zusammen im Teutoburger Wald und waren's zufrieden.
Eines Tages aber kamen der Franzosen-Franz, der Engländer, ein perfider Albino, der russische Wodka-Bär und der Holländer-Michel. Die wollten Pilze klauen im Deutschen Wald, Wildschweine wildern und Tannen entmannen.
Da erklärte ihnen der gute Kaiser den Ersten Weltkrieg. Der aber dauerte von 19 Uhr 14 bis 19 Uhr 18 und war also noch vor der Tagesschau zu Ende.
Die Eichhörnchen aber hatten sich in der SPD versteckt und waren mit allem einverstanden, solange sie dagegen sein durften. Hauptsache, es gab noch Haselnüsse.
Da erfanden die Ameisen die KPD und nannten sich Kommunisten.
Sie schlossen ein Bündnis mit den Heidelbeeren, das sogenannte Heidelberger Programm. Um den Krieg zu beenden, wollten sie die Eiche umhacken, auf der der gute Kaiser Wilhelm saß und kommandierte.
Da liefen die Eichhörnchen zum Kaiser und petzten. Der aber war schon geflohen und hielt sich versteckt in einem kleinen Ludendorf.
Um das Reich und die Kraft und die Herrlichkeit zu retten, beschlossen die Eichhörnchen, die Sache selbst in

die Hand zu nehmen und schickten ihre besten Nuß-
knacker an die Front.
Und so fragen sich alle Tiere im Deutschen Wald:
Kommt es nun zum Umsturz der Kaisereiche? Werden
die Ameisen einen Ameisenstaat errichten, oder werden
aus sozialdemokratischen Eichhörnchen endlich an-
ständige deutsche Reichshörnchen?
Plötzlich fing es an zu regnen, und die Tiere flüchteten
in einen großen Bahnhof. Und da die Bahnsteigkarten
zu teuer waren, begaben sie sich in den Wartesaal.
Doch im Januar um Mitternacht übernahmen die Gen-
darmen das Kommando unter der Führung eines Blut-
hundes. Der ließ den Wartesaal räumen und hob alle
Nester im Wald aus. Und der Reichsoberkellner sagte:
Gestatten, das Blutbad ist angerichtet.
Und vierzehn Jahre nach Bluthund und Blutwurst kam
der Metzger und räumte auf. Und wir alle sind seine Er-
ben.
Und deshalb sagt heute das deutsche Volk: Revolution
ist machbar, Herr Nachbar! Aber muß man wirklich alles tun, was machbar ist?

Das rot und grüne Chaos

Wer heute noch lebt, ist selber schuld. Zumindest kann er sich nicht einfach raushalten aus der Geschichte und besonders der jüngsten Vergangenheit. Da steht doch deutlich noch das Jahr 1988 im Raume, das muß bewältigt werden, da helfen keine Gedächtnislücken. Was, beispielsweise, hat uns dieses Jahr gebracht? Entlassungen, Konkurse, steigende Einschaltquoten und den einen oder anderen Scheintoten. Wie jedes Jahr war auch dieses Jahr ein Jahr der Jubiläen: 50 Jahre Anschluß Österreichs und 20 Jahre 1968, und viele fragten sich, was schlimmer war.
Oder auch 75 Jahre Willy Brandt, der am 18. Dezember 25 Jahre jünger wurde als das Dreikaiserjahr 1888. Willy Brandt wiederum ist zehn Jahre minus 15 Tage älter als der Verfasser von »Neuss Deutschland«, Wolfgang Neuss. Ja, Willy Brandt steht immer noch für ein kosmisches Wir-Gefühl – und das ist doch das Höchste, worum ein Mensch ringt im Leben über den Tag hinaus.
Das Wir-Gefühl, wie es sich entfaltet in der sexuellen Ekstase, gerade beim intensiven Begatten, beim ungeheuerlichen Rumbumsen, beim... ja, das hat etwas mit der SPD zu tun, auch wenn es gegenwärtig dieser Partei fernzuliegen scheint.
Willy Brandt hat immer für das Wir-Gefühl gestanden, so auch, als er 1972 richtungsweisend und bahnbre-

chend eine weltweit beachtete Aktion startete: das Berufsverbot, den sogenannten Radikalenerlaß. Nun ist ein Berufsverbot an sich eine vernünftige Angelegenheit, denn manche Berufe sind wirklich schrecklich. Aber dieses Berufsverbot wollte ja gar nicht den schädlichen Lehrstand treffen, sondern nur diejenigen, die sich überflüssigerweise als Erzieher begreifen. Der Sinn war, zu verhindern, daß Leute Beamte werden, die revolutionärer Gesinnung verdächtig waren. Diese Vorschrift gilt zu Recht heute noch, wird aber nur wenig beachtet.
Denn sie beweist, wie unglaublich korrupt, doppelzüngig und feige die Neue Linke war, diese Mischung aus Menschen, die behaupteten, das System seiner Ungerechtigkeit wegen stürzen zu wollen, diesen Sturz aber gern als rentenfähige Staatsdiener zu begleiten suchten – in der Tat ein wenig erhabenes Trachten. Aber auch ein Grund zum Jubel, denn hier wurde sich vom deutschen Heldentum verabschiedet, vom deutschen Tiefgang und vom deutschen Allein-Sein. Wir wollen, daß jeder Knallkopf in den Beamtenstatus darf.
Willy Brandt und Herbert Wehner haben damals herzlich gelacht. »Revolution machen wollen, aber mit Pensionsberechtigung«, hat der Onkel gesagt, »das gibt's nur bei uns.«
Und der Willy hat gegrinst und hinzugefügt: »Vor denen haben wir mal Angst gehabt.« Willy Brandt ist Buddhist, und Buddha hat gesagt: »Wer den Staat stürzen will, darf ihm nicht dienen, und wer beides tut, ist wie eine Fliege, die sich nicht entscheiden kann, ob sie bei der Kuh bleiben will oder nicht, und so erschlagen wird von der Kraft des Kuhschwanzes.« So sprach einst

Buddha. Es kann auch ein anderer Weiser gewesen sein.
Willy Brandt schloß unverdrossen die Ostverträge, um den Sozialismus mit dem Osten, den weisen Lehren des Lao Tse, zu verbinden. Wer macht so was heute noch? Etwa die Grünen?
Nun erheben manche in die Jahre gekommenen Linke den Vorwurf gegen die Grünen, diese Gruppierung verrate durch prophylaktische Angebote an die SPD ihre eigene im Prinzip doch nahezu revolutionäre Geschichte. Habe man früher um den richtigen Weg der Revolution gestritten oder zumindest der ökologischen Weltreform, so sei die Alternative heute, die von den Alternativen angeboten werde, diejenige zwischen realpolitischer Opposition im Parlament oder fundamentaler Korruption in der Koalition. Dieses ist doch ein blöder Vorwurf, wenn nicht eine reaktionäre Anmache übelster Selbstgerechtigkeitsherkunft. Die grünen Berufspolitiker erstreben einen beamtenrechtlichen Versorgungsstatus als Politiker (= ökologisch-pazifistische Weltenretter), den sich Gewerkschafter legal oder aufgeflogen auch manchmal gönnen.
Das soziale Ideal der westdeutschen Linken ist der systemkritische Protestbeamte auf Lebenszeit mit staatsbezuschußtem Zahnersatz. Erst wenn eine außerparlamentarische Bewegung in der Lage ist, ihren Funktionären innerparlamentarische Bezüge zu sichern, ist der Schritt vom Jugendprotest zum Erwachsenenwiderstand als konkrete Utopie verwirklicht.
Zum anderen bedeuten Koalitionen wie die zwischen den Grünen und den Roten, daß endlich der Jugend Platz gemacht wird, einen eigenständigen Putz anzufa-

chen und unversöhnlich Staat, Regierung und Opposition angreifen zu können, ohne daß schon die Senioren des Protestes allgegenwärtig wie der alte Igel den jungen Hasen die Führung wegnehmen. Integration der alternden Grünen in das System durch Koalition führt zur Autonomie der Rebellion gegen die Partizipation. Und es geht doch um die Zukunft. Wer die Jugend hat, der hat die Zukunft, und nicht derjenige, der glaubt, so jung zu sein, wie er sich angeblich fühlt. Die Jugend ist der Rohstoff der Zukunft, die Jugend ist das Rohmaterial, das durch jeweils unterschiedliche Bearbeitung zur Anhängerschaft jeweils unterschiedlicher Parteien veredelt werden soll.

Es geht also nicht um das Interesse an einzelnen Menschen, die sozial als Jugendliche eingeordnet werden, es geht um den machtpolitischen Einfluß auf eine gesellschaftliche Produktivkraft. Da Politik der Kampf um Machtpositionen ist, wäre es falsch, so zu tun, als ginge es um unbegrenzte Menschenfreundschaft und Solidarität. Die Grünen sollten offen zugeben, daß sie von Jugendlichen mehr wollen, als denen die Partei geben kann.

Ein weiterer Aspekt gewinnt hier unversehens noch an Bedeutung. Jugendliche sind in der Regel phantasiereich und wagemutig, idealistisch und undogmatisch, also noch nicht reif und klug. Dies hängt damit zusammen, daß der Körper des Menschen sich spätestens ab dem 25. Lebensjahr im Zustand des Abbaus befindet. Geistig beginnt dann die Phase des Nachdenkens, das in die Weisheit übergeht, welche frühestens mit dem 60. Lebensjahr einsetzt.

In der Zwischenzeit, in der Epoche des Erwachsenseins,

gilt es, sich aus der Rolle des Opfers der Gesellschaft in diejenige des Mittäters zu schwingen. Leider findet dieser Prozeß meist durch eine übertriebene Anpassung an die schon bestehenden Kulturnormen statt. Wie eröffnen wir uns Auswege aus der Misere des aalglatten Lebenswandels?
Da jede dynamische Gesellschaft auf neue Ideen und neue Kräfte angewiesen ist, da diese insbesondere bei Jugendlichen zu finden sind, da aber weiter die Erwachsenen sie beim Kampf um die Macht ausgrenzen, darum sei unsere politische Ordnung verbessert.
Die Produktivkraft jugendlicher Erneuerungspotentiale darf nicht durch Straf- und andere Kulturnormen eingeschränkt werden. Wenn es also der Firma H. erlaubt ist, jahrelang das Mittel »Alival« auf den Markt zu werfen, obwohl es schon nachweisbar mindestens 34 Todesopfer bewirkte, wenn also die Marktwirtschaft, und zwar vollkommen zu Recht, solche Risiken eingeht, dann muß auch das kulturelle Herumexperimentieren von wilder Musik bis zum leicht bewaffneten Kampf erlaubt sein. Unsere Gesellschaft bedarf, wie der Kanzler sagt, der Eigeninitiative.
Wir Deutschen sollten hier nicht überzimperlich sein. Vor den Toren Mitteleuropas lauern schon wieder Kräfte, die wie selbstverständlich auch Kinder als Kombattanten mitführen. Da steht doch die Frage auf, seit wann gibt es überhaupt Kinder? Sind die Kinder nicht eine Erfindung der Neuzeit?
Mit solchen Problemen sollten sich die Roten und Grünen beschäftigen, statt ihre Gegner aus christlichsozialem Sympathisantenumfeld anzugreifen.
Wir aber, die wir das Chaos lieben, lehnen uns erregt

zurück und beobachten den Tanz ums Goldene Kalb. Denn die Welt ist Musik, Klang: Die schönste Ruhe ist die Stille nach dem Verklingen des letzten Tons.

Die Hausmusik auf dem Vulkan

Bleib hinten, dann bist du wieder vorn,
leg den Kopf aufs Matterhorn.
Greif in die Kasse, hol dir das Geld,
heute noch Dieb, morgen schon Held.
Ja, ja, der Tanz auf dem Vulkan
fängt früh am Morgen schon an.
Füße im Feuer und Kopf eiskalt –
so bleibst du jung und wirst nicht alt.

Das Leben lebt erst im Futur,
deine Zeit braucht keine Uhr.
Gestern noch neu und heut schon vorbei,
heute vorbei ist bald wieder neu.
Gestern noch Omlett wird morgen zum Ei,
heute Betrug, gestern noch treu.

Das Leben ist hart, der Mensch ist so weich,
der eine ist smart, der andere reich.
Die Sonne geht unter, der Mond geht auf.
Der kleine Mann zahlt meistens drauf.
Wer heut nicht bezahlt, der hat es gecheckt,
ein guter Wechsel bleibt ungedeckt.

Vergeblich ist es abzuspecken,
sinnlos auch, noch anzuecken.
Neger, Krüppel, Dissidenten,
Polen, Frauen, Peking-Enten –
alles ist uns scheißegal,
sozusagen Daseinsqual.

Bleib hinten, dann bist du wieder vorn...

Rotkäppchen 1

Es war einmal ein Mädchen, das war so böse, daß seine Mutter ihm eine rote Jakobinermütze kaufte und es Rotkäppchen nannte. Und da das Mädchen sehr schön war, gab ihm seine Mutter dreimal täglich kräftige Ohrfeigen und schüttelte das arme Kind vor Gebrauch. Denn auch die Mutter war recht böse und gemein.
Vom Vater, der ein ganz übler Bursche war und in der Nachbarschaft den Spitznahmen »Altes, saudummes Arschloch« trug, wollen wir erst gar nicht reden.
Rotkäppchen aber freute sich am Leben und trachtete stets nach Ärger und bösen Streichen.
So ging Rotkäppchen gerne ins Kino. Und wenn das Lichtspieltheater ausverkauft war und sehr, sehr voll, dann schrie Rotkäppchen bei der spannendsten Stelle plötzlich aus Leibeskräften: »Feuer, Feuer, Hilfe!«
Und wenn die Menschen dann tobten und in Panik verfielen, ja, dann lachte Rotkäppchen hell auf und freute sich.
»Wie sie da rumwuseln und Angst haben, so sind sie doch recht eigentlich sympathisch«, sagte Rotkäppchen und dachte sich eine neue Schweinerei aus.
Auf der Straße standen gerade viele Menschen und waren dagegen, besonders gegen die Müdigkeit, schimpften auf das Wetter und den lieben Gott.
»Wollt ihr, daß es immer schön warm ist?« fragte Rotkäppchen die Männer und Frauen.

»Ja!« riefen sie alle.
»Wollt ihr, daß die Sonn' ohn' Unterlaß scheint?«
»Ja!« riefen sie alle.
»Wollt ihr den totalen Urlaub?«
»Ja!« riefen sie alle.
Da ging Rotkäppchen schnell nach Hause, spaltete der Großmutter den Schädel und kaufte sich vom Erbe ein Labor.
Dann ließ Rotkäppchen alle gefesselten Atome frei aus ihren Kernkäfigen und sprach zu ihnen:
»Gehet hinaus in alle Welt, und vermehret euch recht tüchtig!«
So kam die Kernenergie in die Welt.

Die Moritat vom Kampf gegen den Strom

Wir begeben uns heute nach Aurich. Auch in dieser schönen friesischen Stadt lauern Schrecken und Furcht vor der Atomenergie in allen friedlichen Winkeln. Hier sind Bürgerinitiativen gegen die Kernenergie noch wirkliche Bürgerinitiativen und haben nichts mit Chaoten, Karotten und Krawall zu tun. Richtige kleine handliche Bürger sind hier aktiv – wie die Familie Appeldoornkaat.

> Großvater, Vater, Mutter, doch nicht mehr das Kind
> des Abends häufig beisammen sind.
> Sie kämpfen seit Jahren mit voller Stärke
> gegen friedliche Atomkraftwerke.

Heute ist ein wichtiger Tag. Die Gruppe »Stoppt den Strom« trifft sich mit der Initiative »Kappt die Kabel«, um über die Grenze zwischen Gewaltlosigkeit und friedlichen Mitteln zu beratschlagen. Vater Appeldoornkaat, ein echter rumgetriebener Heißsporn, soll die Versammlung leiten. Aber o weh!

> Großvater hustet und hustet und hustet sehr stark,
> sein Husten fährt allein durch Bein und Mark.
> Die Mutter ruft: »Unser Opa ist krank!
> Geh, Vater, schnell zum Arzneienschrank!«

Vater Appeldoornkaat muß nun seiner Frau helfen in der Not und befürchtet schon, zu spät zum Treffen der Bürger und Bürgerinnen zu kommen. Er ist sehr traurig, weiß er doch von seinem Freund Heintje Sägefisch, daß für heute abend noch eine eminent wichtige und klammheimliche Aktion geplant ist gegen Saupreußenelektra und die Strommafia.

> Großvater schluckt und schluckt die Arznei,
> und plötzlich atmet er wieder frei
> und sagt voller Güte zu seinem Sohn:
> »Geh zur Versammlung. Die warten schon!«

Und hinaus in die stürmische Nacht eilt Vater Appeldoornkaat und ist sich der Verantwortung gegenüber seinen noch ungeborenen Enkeln wohl bewußt, hat er doch schließlich von ihnen sein klein Häuschen und auch den Garten geerbt oder doch zumindest ausgeliehen.
Doch plötzlich schüttelt es drin im Hause wie von Riesenhand den armen kranken Großvater am Halse, so daß er im Gesicht sich blau verfärbt, ja sogar dunkellila wird wie eine reife Aubergine. Da muß Mutter Appeldoornkaat sich aber sputen, um den tapferen Notarzt zu alarmieren.

> Großvaters Husten und Röcheln wird immer
> schlimmer.
> Da endlich kommt der Notarzt ins Zimmer.
> Er probiert sofort den Luftröhrenschnitt aus –
> doch plötzlich gehen die Lichter aus.

Und in der Dunkelheit in der gemütlichen Stube findet der tapfere Notarzt weder die Schnittstelle am Halse des Großvaters wieder noch gar seine Instrumente. So muß Großvater Appeldoornkaart in tiefster Finsternis von uns gehen, und dabei hätte er so gerne noch so viel gesagt. Da, auf einmal wird die Tür aufgerissen, und im Türrahmen erscheint Vater Appeldoornkaat mit wirren Haaren und ruft: »Du, Frau, wir haben gerade unsern ersten Strommasten umgesägt.« In dem Moment geht das Licht wieder an, denn die emsigen Arbeiter der Emdener Elektrizitätszwerge haben den Notstrom angeknipst. Vater Appeldoornkaat sieht nunmehr, was er angerichtet hat und sagt: »O weh!«

Und die Moral von der Geschicht:
Säg in der Nähe deiner Wohnung nicht.

Der Vorschlag des Hausmeisters

Das deutsche Volk besteht aus unterschiedlichen Charakterrollen. Früher waren der Dichter und der Denker hoch angesehen. Dann gab es eine kurze Zeit, da setzte man mehr auf den Richter und den Henker, beliebt ist dagegen durchgängig die Olympiasiegerin und der Nobelpreisträger. Gewarnt wird vor dem guten Onkel, der bösen Stiefmutter und dem herzlosen Fabrikbesitzer. Auch wenn es ihr persönlich gar nichts nutzt, so hat die Mutter dennoch ein hohes Ansehen. Der Held ist verschwunden, wird aber öfters in Presse, Funk und Fernsehen erwähnt. Meist handelt es sich dann um einen Eintagshelden, und er ist so schnell vergessen wie seine Heldentat. Eine Ausnahme ist der Läufer Ludwig Müller, der in Augsburg Anfang der sechziger Jahre einmal dem Russen gezeigt hat, was eine deutsche Ferse ist, wenn man sie von hinten sieht. Ludwig Müller war der »Held von Augsburg«, und ich werde ihn nie vergessen, auch wenn ich heute nicht mehr genau weiß, in welchem Sportskampfjahr er seine Tat unserer Nation gewidmet hatte.

Natürlich verabscheue ich den verabscheuungswürdigen Kindermörder und den menschenverachtenden Terroristen. Da sind wir uns alle einig und nennen uns die Demokraten. Eine wichtige Rolle in der Gesellschaft spielt neuerdings eine Personenvielfalt mit der Firmenbezeichnung Arbeitslosenhaushalt. Früher sprach man vom katholischen Negermädchen aus der Oberpfalz, das im Sektor der Bildung damals statistisch die schlechtesten Karten hatte. Das ist nunmehr geändert. Auch andere haben jetzt die gleichen Chancen, solche schlechten Karten für ihr Leben in die Hand gezwungen zu bekommen.

Dabei fällt mir die wichtigste deutsche Figur ein. Es ist der Hausmeister. In ihm verkörpern sich Überblick, Grausamkeit und Herzensgüte, Genauigkeit und Ordnungsliebe.

Der schwäbische Dichter Friedrich Hölderlin schrieb 1797, zu einer Zeit also, als man sich in Deutschland längst schon über die Französische Revolution erhob und dieselbe sehr, sehr madig machte, zu dieser Zeit schrieb Hölderlin über die Deutschen, sie seien das zerrissenste Volk, das er kenne. Und er fuhr fort und behauptete, man sehe hier Handwerker, aber keine Menschen. So bitter das für den Berufsstand der Handwerker klingen mag, so verständlich ist doch auch Hölderlins Ablehnung all derer, die immer etwas machen wollen, etwas herstellen, nicht aufhören können rumzuwerkeln. Ich möchte nur den wirklich üblen Typus des Heimwerkers erwähnen, ein grausiges Zerrbild des Menschentums aus dem Zombiezoo der Freizeitgesellschaft.

Wieviel klarer leuchtet dagegen die Lichtgestalt des Hausmeisters, dieses genialen Verzögerers, der nicht sofort eine Glühbirne in die Treppenhausbeleuchtung schraubt, nur weil es dort dunkel ist. Nein, der wirkliche Hausmeister gibt den Bewohnern des von ihm gemeisterten Hauses die Chance zum Nachdenklichwerden, indem er der Zeit ihren freien Lauf läßt, Besserung verspricht, aber nicht den stampfenden Gesetzen der industriellen Hektik verfällt. Warten lernen und das, was es zu tun gibt, nicht anpacken, sondern aufschieben – liegt in solcher Haltung nicht vielleicht die Rettung vor den Kosten der wildgewordenen Moderne?

Im Frühjahr 1989 machte sich ein Hausmeister seine guten Gedanken, und wir wollen ihm lauschen mit Respekt und in stiller Einkehr:

Die Bundesrepublik Deutschland, so sagt der Hausmeister, wird jetzt vierzig Jahre alt. Ei, wer hätte das gedacht, daß Deutschland so viel Freude macht. Das ist ja ein geschichtliches Ereignis. Und Geschichte ist nun mal das, was aus der Zukunft wird. Ich werde auf jeden Fall ein paar Fahnen aus den Fenstern hängen und morgens früh die Nationalhymne aus der Stereoanlage ins Freie dröhnen lassen. Mein Nachbar ist nämlich ein Linker, dem paßt so was nicht, er ist mehr fürs Internationale. »Internazi«, sag ich immer zu ihm, dann ärgert er sich, weil er so blöd ist und nicht weiß, daß ich das Wort beim Wilhelm Busch gelesen habe.

Wenn der schlechte Laune hat, dann geht er auf die Straße und brüllt: »Schluß mit der Naturzerstörung! Es lebe der deutsche Wald!« Da hab ich mir meinen Vorschlaghammer aus dem Keller geholt und bin zu ihm rüber. Und wie ich zum ersten Schlag gegen seine Hausmauer aushol, da kommt er rangeschossen und brüllt: »Aufhören, sind Sie verrückt?! Sie machen ja mein Haus kaputt!«

»Natürlich«, hab ich gesagt, »Sie sind doch gegen die Naturzerstörung. Gucken Sie sich doch Ihr Haus mal an! Das ist doch der reinste Hohn auf die Natur. Aus ihrem natürlichem Zusammenhang gerissene und also

vollkommen entwurzelte Granitsteine, das Holz auf dem Dach ist im Walde gestohlen, und der Schiefer stammt auch nicht aus dem Supermarkt für Plastikdächer. Also zerstören wir diese Schändung der Natur.«
O da hat er geguckt, weil – meine Logik ist brutal, aber ehrlich. Ich sage nicht, wie es ist, sondern wie ich es mir ausdenke. Ich habe sein Haus dann ganz gelassen, es warn halt zu viele Zeugen in der Nähe. Aber sonst kenne ich nichts, kein falscher Kompromiß fällt mir aus dem Maul, nur bodenständige Ehrlichkeit. Zum Beispiel: der Sohn von dem Nachbarn, der ist genau umgekehrt. Der trägt so ein Schildchen »Ich bin stolz, ein Deutscher zu sein.«
»Horche mal«, habe ich zu ihm gesagt, »Kamerad, eine Frage, liebst du unser Vaterland?«
»Ja«, hat er gesagt, »natürlich, und deshalb bin ich stolz...«
»Ruhe, still«, hab ich gezischelt, »mach bloß das Ding da ab, damit's keiner sieht.«
»Warum«, fragt der plötzlich auch ganz leise.
»Ei, wenn man dich sieht, denkt man doch, du kämst von einem anderen Stern, du siehst doch aus wie dem Alf sein schäbiger Halbbruder, da darfst du doch nicht behaupten, du wärst stolz, ein Deutscher zu sein.«
Und der hat wirklich einen Kopf, da müssen bei der Geburt die Zangen ausgegangen sein, und sie haben einen Korkenzieher genommen. Und wie ich ihm das so erkläre, da schreit der mich an, ich wär ja ein Rassist, mich über ihn lustig zu machen wegen seinem komischen Kopf, ich wär ein Faschist, ein reaktionärer Arsch mit Ohren.
Ich bin ganz still geblieben und habe zu ihm gesagt: »Du

Drecksack, da siehst du mal, man muß nicht nur stolz sein, man muß auch so aussehen. Nimm dir mal ein Beispiel an mir.« Na ja, der hat Angst vor mir, und da ist er gleich ab und hat dahinten in dem Sandkasten der Frau Müller ihrer Dreijährigen kräftig in den Hintern getreten und ist dann weiter in die Kneipe, um sich volllaufen zu lassen.

Und damit sind wir wieder beim Thema, beim Anlaß quasi des vierzigsten Geburtstages unserer Bundesrepublik Deutschland. Die Bundesregierung hätte hier eine Ia-Chance, sich beliebt zu machen. Und nötig hat die das allemal.

Wer Geburtstag hat, gibt doch einen aus. Die Regierung wollte dem deutschen Volk einen ausgeben. Das für die Brüder und Schwestern drüben in der DDR-Zone, das putzen wir hier in deren Namen mit weg.

Ja, machen wir doch mal ein richtiges nationales Besäufnis. Wer auf der Straße erwischt wird und hat weniger als 0,8 Promille, der kriegt die Papiere abgenommen, Personalausweis, Paß, ADAC-Mitgliedsausweis und gerade auch den Auslandsschutzbrief. Und dann wird er ausgewiesen, egal wohin, erstmal weg mit ihm. Da würde das Ausland aber schauen, wenn sechzig Millionen Deutsche voll sind wie die Ratten. Und wir hätten endlich mal wieder eine Volksgemeinschaft, und zwar eine friedliche.

Am anderen Morgen, o je, o je, da gäbe es ein schweres Erwachen. Aber das wär immer noch harmloser als damals am 8. Mai 1945, wo unser siegestrunkenes und führerbesoffenes Volk bitter erwacht ist. Und von dem Kater haben wir uns heut noch net erholt. Jetzt weiß ich auch, warum so viel Junge zu dene Neonazis gehen. Na, die haben damals nicht mitgesoffen und wissen net, wie weh das tut, wenn's vorbei ist.

Und deshalb bin ich dafür, daß das ganze Volk saufen muß. Dann kann keiner dem anderen vorwerfen, er hätte einen dicken Kopf.

Gabelin und die Jugend

Karl Graf Gabelin ist ein Mann, der gern durch die Stadt geht, um darauf zu achten, was ihn alles stört. Er weiß vorher schon, daß ihn sowieso alles nervt, daß er Menschen, Tiere und andere bewegliche und unbewegliche Sachen haßt, aber er will jeden Tag aufs neue und konkret sehen, was Scheußliches in seiner Stadt herumläuft oder -steht, ohne davon eine Ahnung zu haben, ohne mit einem Gefühl ausgestattet zu sein der eigenen Überflüssigkeit und Gräßlichkeit. Gabelin sucht immer wieder den erstaunlichen Kraftakt des Überlebens um jeden Preis zu besichtigen und wird, was nicht überraschend ist, ständig fündig.

Gestern zum Beispiel, so erzählte er vor Tagen in seiner Stammkneipe einem unbeteiligten dritten Trinker, gestern, also in einer Zeit, die vor der Erzählung dessen liege, was Gabelin ihm, dem Trinker, nunmehr anvertraue, gestern also habe er auf der Straße, durch die er abkürzungshalber gegangen sei, einen jungen Menschen getroffen, einen dieser verkommenen Knaben, deren Gesundheit schon greisenhaft angegriffen scheint, obwohl aus den Augen eine immer wieder überraschende mannhafte Aggressivität herauslüge, einen sogenannten arbeitslosen Jugendlichen also, der ihm sehr bescheiden, auch wenn diese Bescheidenheit gut getarnt war unter vorlautem Gebrummel und offensiv angesetzter Körpersprache, der ihm, Gabelin, also sehr bescheiden gefragt habe, ob er, Gabelin, nicht mal eine Mark, für ihn, den arbeitslosen Jugendlichen, habe.

Daraufhin, sagte Gabelin, habe er, Gabelin, ihm, dem arbeitslosen Jugendlichen, einfach 100 Mark in die Hand gedrückt und sich für die Inflation entschuldigt, auch wenn sie mit der Arbeitslosigkeit des Schnorrers wohl offensichtlich nichts zu tun habe.

Stammtisch-Protokoll (Auszug)

Angst vor der Anarchie hilft auch nicht weiter.
Fünf Minuten Tiefsinn am Tag reichen absolut aus.
Die Revolution ist ein Experiment.
Meine Damen und Herren.
Peter Handke hat einmal geschrieben, das einzige, worüber er noch diskutieren wolle, sei die Todesstrafe.
Die Pflicht jedes echten Revolutionärs ist es, die Revolution zu unterlassen.
Wenn der Mensch der Feind der Natur ist, dann schlägt jedes Neugeborene der Schöpfung ins Antlitz wie ein dreckiger Scheuerlappen.
Es gibt zwei Arten von Menschen, die einen und die anderen.
Die beste Revolution ist doch die, die noch bevorsteht.
Meine Damen und Herren, liebe Freunde.
Der Mensch unterscheidet sich vom Tier dadurch, daß er sich selbst ein Feind ist: homo homini enemy.
Post coitum animal triste, das heißt, nach der Revolution sind die Menschen traurig.
Wenn ich wirklich überall helfe, habe ich keine Zeit mehr, mich im Fernsehen darüber zu informieren, wo meine Hilfe am dringendsten benötigt wird.
Das Ergebnis jeder Revolution ist die Konterrevolution.
Warum, so frage ich in aller Offenheit, arbeiten wir nicht an der Konterrevolution, um in Deutschland endlich mal eine Revolution möglich zu machen?

Meine Damen und Herren – und damit will ich kein Geschlecht ausgrenzen –.
Vielen Dank.

Die bürgerliche Gesellschaft

Der Franzose Jules Renard hat einmal gesagt, und zwar am Ende des 19. Jahrhunderts, es sei bürgerlich, antibürgerlich zu sein. Das heißt doch, daß die bürgerliche Gesellschaft eine integrierte Oppositionsschaltung besitzt. Der ganze Laden funktioniert nur, wenn es genügend Leute gibt, die dagegen sind, damit diejenigen, die eigentlich dafür sind, wissen, wofür sie sind, nämlich für die Erhaltung dessen, was die anderen angreifen.
Dieses Chaos von Dafür und Dagegen ist spätestens mit der Französischen Revolution Allgemeingut im Abendland geworden und heißt bürgerliche Gesellschaft. Damit sie nicht gar zu unerfreulich ist, gibt es als Rahmenhandlung ein Unterhaltungsprogramm, das heißt bürgerliche Kultur. Für das Entertainment gilt übrigens das gleiche wie für die gesamte Veranstaltung. Man braucht hier Kräfte, die dagegen sind. In der Kunst heißen sie Avantgarde, manchmal auch Ratten und Schmeißfliegen, zuweilen nennen sie sich selbst Punks oder Popstars.
Wir leben also in der bürgerlichen Kultur, deren Funktionsmechanismus die Krise des Funktionierens ist. Da müssen doch Fragen erlaubt sein.
Was ist das eigentlich für ein Sauhaufen, die freiheitlich-demokratische Grundordnung? Demokratie heißt doch, daß jeder Depp und jeder Drecksack darüber mit-

bestimmen kann, wie es mir letztendlich geht, ja sogar wie es mir gehen soll.
Früher in den schlechten alten Zeiten des Feudalismus waren die Herrschenden die Schweine. Demokratie aber ist Volksherrschaft, also Schweinestall ohne Bauer, Massentiere ohne Haltung, Demokratie also ist die formlose Gleichgültigkeit aller gegen alle, eine Riesensauerei somit. Die entscheidende Frage in der Demokratie heißt doch: welches Schweinderl hätten Sie denn gerne? Es ist die Pflicht jedes Demokraten und jeder Demokratin, Schwein zu haben, und wer kein Glück hat, soll sich nicht so anstellen – außer beim Sozialamt, da muß er sich anstellen.
Das ist die bürgerliche Gesellschaft, eine Gesellschaft mit beschränkter Haftung für die Zukunft und stillen Teilhabern, also Mitläufern.
Es gibt keinen Klassenkampf mehr, oder hat jemand noch einmal das Proletariat gesehen, und zwar persönlich, mit Name, Anschrift, Kampfadresse? Oder gar das Bürgertum? Nicht diese Masken, die verkleidet in die Oper gehen, um etwas zu repräsentieren, was sie gar nicht sind. Nein, richtige Bürger gibt's nicht mehr.
Das ist unser Schicksal – wir leben in einer bürgerlichen Gesellschaft ohne Bürger. Es geht also nur noch um die Macht. Macht macht kaputt, Ohnmacht macht dumm. Da macht man doch lieber was kaputt, als dumm zu bleiben.
Das ist der Grundsatz der Freiheit, ja, das Grundgesetz der Freiheit. Und die Freiheit wirkt wie die Deutsche Bundespost. Wenn man einen Brief verschicken will, kauft man sich eine Briefmarke und klebt sie auf den Brief. Damit ist der Brief freigemacht und wird automa-

tisch befördert wie ein Beamter. Hat man den Brief nicht freigemacht, dann muß der Empfänger Strafporto bezahlen.
Das gleiche gilt für das Volk. Ein Volk, das sich nicht selbst freigemacht hat, muß Strafe bezahlen. Denn das Volk ist der Empfänger seiner eigenen Nachrichten. Und der Staat ist ein Volksempfänger und ein Volksgefängnis. Denn am liebsten empfängt der Staat das Volk im Gefängnis.
Das verstehe ich nicht, könnte man jetzt einwenden.
Darauf ließe sich erwidern, daß die größeren Zusammenhänge auch sehr kompliziert seien. Aber eine solche Antwort auf eine im Kern doch berechtigte Frage ist unhöflich. Sagen wir es daher einmal ganz anders.
Ein altes Weib wollt scheißen gehn und fand die Tür verschlossen. Da sah sie eine Leiter stehn und schiß gleich durch die Sprossen.
Das ist das Subsidiaritätsprinzip. Hilfe zur Selbsthilfe, Selbsthilfe durch Eigennutz, Erleichterung durch Leiterhilfe. Und wenn wir in dem Zusammenhang feststellen, daß der Staat funktioniert, obwohl alle dagegen sind, dann freuen wir uns. Dieses nämlich ist Demokratie und vielleicht noch schöner als Anarchie, richtige, gute, herzenswarme Anarchie. Denn zu leben in einer Welt, in der nur nette Anarchisten wohnen, das würde den Daseinsaufwand gar nicht lohnen.

Bilanz

Nach des Aufstands wildem Ende
Geht, wer revoluzzt hat, manchmal drauf.
Und wer nicht dabeigewesen,
Hängt sich gerade deshalb auf.

Die Opposition in der Biologie

In Deutschland herrscht nicht Friede, da dümpelt der Geschlechterkrieg. Aus dem Gegensatz von Mann und Frau ergibt sich keine natürliche Feindschaft mehr, vielmehr findet ein gesellschaftlich anmaßendes Geschrei statt. Der Stammtisch tobt, und alle mischen sich ein in Fragen, von denen sie nichts verstehen. Ein jeglicher und eine jegliche geben ihre Kommentare ab über die jeweils anderen, daß es eine Lust ist zuzuhören. Damit kein Mißverständnis aufkommt, muß ich hier an diesem einzig dafür vorgesehenen Ort etwas vorweg loswerden über den Begriff der Emanzipation der Frauen. Diese Befreiung bedeutet nichts anderes, als daß Frauen mehr und lauter als früher am Stammtischgeschimpfe teilnehmen. Ich begrüße diese Emanzipation, denn damit wird das Konzert, das aus den verschiedenen Stammtischmonologen gebildet und arrangiert ist, vielfältiger und poppiger.
Selbstverständlich muß ich hier dergestalt vereinfachen, daß sämtliche Individuen dieser Welt sich in den kommenden Verallgemeinerungen nicht wiederfinden. Individuation ist der Ausstieg aus der Abstraktion, was so gesagt auch nicht sehr hilfreich ist. Sagen wir es heiterer: Wer allein was Eigenes sein will, muß sich von den anderen Eigentümlichkeiten der anderen absetzen. Jetzt wird's international. Und nicht mehr nur deutsch. Ja, es droht die Gefahr, daß wir wiederholen müssen,

die bürgerliche Gesellschaft sei überhaupt ein Verein ausschließlich oppositioneller Einzelwesen. Damit wären quasi Opposition und Abendland in einem Verhältnis stehend wie Bier und Flasche, Inhalt und Gefäß.
Gehen wir zurück zum immer noch angesagten Geschlechterkrieg. Und beachten ihn unter dem eingangs benannten Bild von den zwei Stammtischen, die als linke und als rechte Sitzordnung unsere Gesellschaft ausmachen.
Der linke Stammtisch räsonniert über das Patriarchat, da werden Männer fatal am Sack gegriffen und in die Sünderecke geschoben, rote Karten hagelt's und Auszeiten, die Strafbank ist vollbesetzt, und manch einst knorriger Weiberfeind gurgelt die Kehle mit Kreide, um wieder an die sieben Geißlein zu kommen. Doch die sind verschwunden, Amazonen regieren das Balzgelände, und männerfreie Zonen sind keine Seltenheit mehr.
Rechts tobt der Haß gegen die Feminisierung der Gesellschaft. Es war schon immer ein Anliegen der soldatischen Kerle, den Liberalismus mit Weiblichkeit gleichzusetzen. Rechts, da hat man es gern hart, erfreut sich pathetisch am Erwachsenen- und Kindertotschlagen und beruhigt die eigene Sentimentalität im Kampf für das ungeborene Leben. Krieg, so sagt der stramme Stammgast, das hat's schon immer gegeben, das muß schon sein, das fehlt unsern Jugendlichen heute, die Erfahrung, wie man dem Feind die Kugel durch den Kopf jagt in Ehre und Vaterlandsliebe, wie man ihm den Schädel zerschmettert mit dem Baseballschläger in der innenpolitischen Auseinandersetzung, ja, das fehlt der Jugend, und nur wenige üben schon, aber wir müssen

wieder ein Volk heldenhafter Menschen werden, die bereit sind, Opfer zu bringen und diese Bereitschaft ihrer Tapferkeit erst mal an Ausländern, Asylanten und anderen Störfaktoren testen müssen. Blut muß fließen, sonst ist der Mann kein Mann. Es muß am Mond liegen, einmal im Monat will der rechte Mann Blut fließen sehn.
Jetzt wird am linken Stammtisch auch noch nicht bezahlt und heimgegangen. Da entsteht in einer Ecke ein Wut- und Hoden-Mythos. Eine jahrtausendealte Unterdrückung der Frau durch den Mann kommt auf den Tisch. Wenn die beiden das schon so lange treiben, dann laß sie doch in Ruhe, sagt einer.
Es ginge nicht um die beiden, es handele sich um ein Gattungsschicksal, wird ihm erwidert.
Könnt ihr das nicht gleich sagen, murmelt er, warum heißt es denn immer »der Mann« und »die Frau«. Da drüben am anderen Tisch, die sagen auch immer »der Jude«, »der Ausländer«.
Mit diesem unziemlichen Vergleich hat sich der Zwischenrufer für fünf Gesprächsrunden disqualifiziert. Er muß ins Gefängnis und darf nicht über Los gehen.
Und dann bricht das Chaos aus. Wie jeden Abend.
Frauen reden über ihre Mitverantwortlichkeit am Patriarchat, rechte Männer plädieren für Gleichberechtigung der Geschlechter, Feministinnen suchen mythische Wurzeln, Altnazis klagen die Toleranz der Aufklärung ein, der Wirt gibt allen einen aus, starke Frauen schleppen starke Männer ab, und die Schwachen gehen allein nach Haus.

Die Verhältnisse

Die Verhältnisse ändern sich heute so schnell, daß nicht einmal die Philosophen dabei mitkommen, diese Verhältnisse neu zu interpretieren. Wie soll ich dann die Verhältnisse ändern, wenn ich gar nicht weiß, um welche Verhältnisse es eigentlich geht?
Ich sitze zu Hause herum und ändere die Verhältnisse, aber draußen gibt's längst schon ganz andere Verhältnisse. Was sind denn das für Verhältnisse, die sich schneller ändern als mein Wille, sie zu verändern, sich überhaupt entwickeln kann? Daran sieht man, daß die Welt furchtbar ist.
Die Welt ist furchtbar. Sie ist unerträglich. Sie muß geändert werden. Doch die Welt ist so furchtbar, ist in ihrer Schändlichkeit so grauenhaft, daß sie ihr Furchtbarsein durch keine Verbesserung einbüßt.
Diese Welt ist so furchtbar, daß sie in ihrer Furchtbarkeit von meinem Rettungsversuch vollkommen unbeeindruckt bleibt, und das ist das Furchtbarste der Welt, daß sie sich ihre Furchtbarkeit von mir nicht nehmen lassen will.
Widerstand also ist zwecklos, jeder Widerstand ist zwecklos – aber sinnvoll. Denn der Mensch braucht Trost. Wer Sorgen hat, hat auch Malheur. Und wer sich um den Spott nicht zu sorgen braucht, der hat eben einen Schaden. Und so erkennen wir, was das geistige Band der Weltgeschichte ist, dieses ewige Oben und

Unten, Dafür und Dagegen, dieses Band ist der Prozeß, den Kläger und Beklagte um den Großen Schadenersatz führen. Denn höret, das ist Geschichte: Ein großer Streit um Wiedergutmachung ohne göttliche Rechtsschutzversicherung.

Die Liebe

Die Liebe geht durch den Magen. Wenn ich etwas Gutes esse, liebe ich mich. Es gibt auch andere Aspekte der Liebe. So dient die Liebe zeitweilig auch der Entspannung, der körperlichen Abrüstung hormoneller Bewaffnung. Sie ist friedensstiftend, führt aber oft zu erstaunlichen Bündnissen, zu den sogenannten Ehen. Diese funktionieren aber nur so lange, wie sie von außen angegriffen werden. Der Hauptfeind der Ehe ist der oder die Single, die das paarweise Auftreten von Menschen angeblich verachten. Noch stärker bedroht ist die Ehe durch zu viel Geld, das eine unerfreuliche Gleichgültigkeit erzeugt. Wenig Geld und unerwünschte Kinder dagegen führen zu Haß und Überdruß, auch hier ist die Ehe dann bedroht. Wenden wir uns also wieder der Liebe zu, mit der meist der ganze Schlamassel angefangen hat. Die Liebe – und das macht sie zu einer guten deutschen Tugend – funktioniert erst dann so richtig, wenn ihre Partner sich nicht als in Harmonie liegend sehen, sondern begreifen, daß sie in Opposition zueinander stehen. Dies bedeutet, daß im Geschlechterkrieg auch verbal immer wieder neue Stellungen zu beziehen sind. So ist das Prinzip der Zerstörung des Geliebten die einzige Möglichkeit, die Liebe zu erhalten, im Ernstfall bis über den Tod hinaus.

Die Liebe, sie ist asozial.
Mal Freude ist sie und mal Qual.
Spät abends kannst du sie genießen.
Am Morgen drauf will's dich verdrießen
Daß du die ganze heiße Nacht
Nicht doch alleine zugebracht.

Rotkäppchen 2

Einmal war Rotkäppchen nachts heimlich in eine Fleischboutique eingebrochen und hatte sich eine Flasche Champagner und ein klein Stückchen Fleischwurst genehmigt. Das paßt natürlich nicht zusammen, und darum wurde Rotkäppchen sofort von einem Streifenwagen erwischt und vor den Haft- und Kleberichter gebracht.
»Name, Adresse, Eltern, Wohnsitz, am besten geben Sie alles zu«, sagte der Richter, denn er war ein weiser Mann und wollte bald Feierabend machen.
Da zückte der Wachtmeister einen Jägermeister und trank und trank und weinte bitterlich. Der Richter aber sagte, daß aus Rotkäppchen etwas werden müsse und schickte das böse Kind für drei Jahre ohne Bewährung auf eine Managerschule.
Rotkäppchen aber war schlau, nahm das Urteil an, die Beine unter den Arm und verschwand. Draußen in der weiten Welt traf es einen schönen Knaben, der hatte seine Eltern verlassen. Denn sie waren reich, dumm und fromm und trieben Partnertausch bis zum Erbrechen.
Als Rotkäppchen und der schöne Knabe sich gefunden hatten, erkannten sie sich bis in die letzten Fugen und Falten, und so fand eine Sonnenfinsternis statt. Danach fraßen und soffen die beiden, verführten alle dreizehn Töchter des Papstes und schändeten zusätzlich ein

Krokodil, zwei Hühner und eine Aussichtsplattform. Eines Tages sagte Rotkäppchen im höchsten Moment des Abklingens jeder Erregung zu ihrem lieben Freund:
»Gehen wir zu deinen Eltern und spielen ihnen die Nummer vor vom verlorenen Sohn. Das kenn ich aus der Bibel, das kommt an.«
Und so begaben sich die beiden, denn Rotkäppchen war schwanger, nach Hause zu den Eltern des schönen Knaben. Diese aber schrieen und tobten vor Begeisterung darüber, daß der verlorene Sohn wieder zurückgekehrt war und auch noch eine Frau mitgebracht hatte mit Inhalt, die also schon im siebenten Monat war. Und sie schlachteten Lamm, Ochs und Wiener Schnitzel, servierten Wein, Koks und Kaviarschnittchen und feierten dreimal bis zum Umfallen.
Der zu kurz gekommene Sohn jedoch, der stets fromm zu Hause geblieben war, hatte plötzlich eine Vision. Der Himmel öffnete sich ihm, ein Dreieck erschien mit einem blauen Auge drin, und eine tiefe Stimme – war es Elmar Gunsch oder der liebe Gott, wer weiß? – sagte:
»Du bist ein großer Idiot vor dem Herrn. Du hast verzichtet auf deine Hobbies wie Vatermord und Mutterliebe. Aber diesen Verzicht lohnt dir niemand, sondern du sollst gestraft sein bis ins letzte Glied.«
Da kam Rotkäppchen vorbei und sprach zu ihm: »Wo gehobelt wird, da fliegen sieben Schwäne.«
Und als sie so redete, öffnete sich das Ozonloch, und endlich hatte die Welt einen Notausgang.

Ein weiterer Vorschlag des Hausmeisters

Manchmal frage ich mich, wie es mir eigentlich geht. Sonst fragt mich ja niemand. Und ich möchte doch sagen können, oh, mir geht's gut, ich bin rundrum zufrieden und verzweifelt. Und woran liegt das? Nicht am Wetter, nein, an der Politik. Zum Beispiel wollen sie, egal wie die Koalition sich nennt, es sind doch immer dieselben im Prinzip, die wollen jetzt Tempo 30 in der Innenstadt einführen. Da bin ich natürlich sofort auch dafür.
Ich hasse die Gewalt, aber ich liebe den Terror. Tempo 30 führt zu Terror, Mord und guter Laune bei mir persönlich. Die Anfänger von der RAF sollten sich schämen, so ein schwaches Bild haben sie bisher abgegeben. Bei Tempo 30 wird jeder Bürger Terrorist und nicht nur so ein paar ausgeflippte Bumm-Bumm-Legionäre.
Das fängt bei den Kindern schon an. Wenn man die kleinen Bankerts bloß an ein verkehrsmäßiges Geschleiche gewöhnt, an die zwanghafte Langsamkeit, ja, dann haben die doch gar keine Ahnung vom wirklichen Leben. Leben in der modernen Zeit heißt: leben, wie ich es mag. Das heißt: Tempo, auf geht's, das ist eine schnelle Sache, das Leben ist ein Hochgeschwindigkeitsextrakt, das ist die kopernikanische Mobilmachung, wie der Pater Schlotterdeich das nennt. Da hilft kein Buddha, da hilft kein Tao, da rast das Volk vor lauter Qual und brüllt: das Ganze noch einmal.

Wenn die von Tempo 30 erzogenen Kinder mal auf eine Schnellstraße stoßen – batsch, dann sind sie plattgemacht. Weil eben die Erfahrung fehlt zu wissen, wie schnell ein kleiner Punkt am Horizont größer werden kann und größer und plötzlich an einem vorbeidonnert oder eben, wenn man von der Flüchtigkeit des automobilen Seins keine Ahnung hat, über einem drüberbrettert. C'est la vie, und das tut weh.
Und wie ist es mit den Erwachsenen? Tempo ist eine Frage der Energie. Wenn man eine Energieeinheit, den Autofahrer, der ja von Haus aus schon ein Nerven- und Energiebündel ist, ins Kraftfahrzeug setzt, also in die Ahnung einer möglichen Hochgeschwindigkeit, und ihn dann bremst, dann ist doch die Energie nicht verschwunden. Physikalisch kann nichts verlorengehen. Die Energie ist bloß gestaut, gefesselt wie in einem Kernkraftwerk. Autofahrer bei Tempo 30 brauchen einen Berstschutz, sonst platzen sie vor Wut. Und wenn sie heimkommen, dann Gnade denen Gott, die da noch frei herumlaufen. Da setzt's rote Ohren, Mord und Totschlag in den Familien.
Auf der anderen Seite liegt hier vielleicht eine ökologische List der Straßenverkehrsvernunft vor. Die Gefahr für die Natur geht ja von den Menschen aus. Und wir sollten diese Gefahr beseitigen. Deshalb bin ich für Tempo 30 in den Innenstädten, auf den Dörfern und auf den Bundesautobahnen im sommerlichen Reiseverkehr.
Stellen Sie sich doch einmal so eine neumodische Zweierbeziehung vor mit zwei nichtehelichen Kindern, zwei halslosen Ungeheuern, kreischenden Müsli-Monstern. Und jetzt nehmen wir diese vier Personen und noch ih-

ren doofen, sabbernden Hund, packen alle bei 30° C im Schatten ins Auto und schicken sie nach Palermo in den Urlaub. Ab nach Sizilien, zweitausenddreihundert Kilometer bei Tempo 30 auf der Autobahn, das macht knapp siebenundsiebzig Stunden reine Fahrzeit.

Die Kleinen mit ihren knallroten Köpfen kriegen Durst und schreien wie auf dem Schlachthof, der Hund macht vor Verzweiflung in die Polster, die Mutter würde ihrer Brut am liebsten den Hals umdrehen, und der Vater klemmt am Steuer und beißt sich die Zunge kaputt.

Aber sie fahren naturfreundlich Tempo 30 auf der Autobahn. So entsteht Disziplin, Tapferkeit, Durchhaltewillen.

Es werden nicht alle diesen Krieg überleben, aber die Familien, die aus dem Inferno rauskommen, die sind gestählt. Da begegnet uns kein lärmender Sauhaufen mehr, sondern eine Familie, die kleinste Zelle des Staates, in der der Vater das Sagen hat, die Mutter das Maul hält und die Kinder fit vertrimmt werden. Dann ist es aus mit Emanzipation, Weiberherrschaft und Kinderfrechheit.

Deshalb bin ich für Tempo 30.

Der Volkskörper

Die entscheidende Frage heute heißt doch: Wie geht's? Wie geht's weiter? Was geht überhaupt noch? Es geht also um das Gehen und damit um die zeitgenössische Form des Gehens, es geht um den Verkehr.
Die nicht veraltete, also modische Frage nach dem Befinden eines anderen Mitmenschen lautet heute: Wie verkehren Sie? Wenn wir uns der Politik zuwenden, dann heißt das: Wie verkehrt das Volk? Rechtsverkehr, Linksverkehr, mit oder ohne Gewehr, offen, verdeckt, außerirdisch oder unterirdisch? Damit sind wir bei unserem Thema: der Volkskörper.
Der Volkskörper bedarf der Volksgesundheit. Wenn das Volk krank ist, spricht man von Volksfürsorge oder von Seuche. Wir aber wollen ein gesundes Volk in einem gesunden Beamtenkörper, mens sana incorporated Sanierung.
Unser deutscher Volkskörper, Spitzname »Bundsrepublik«, ist leicht gedrungen, pyknisch, hat einen dünnen Hals und darauf noch keinen Kopf, sondern die Verkehrssünderkartei in Flensburg.
Hier also sitzt das Gedächtnis des Volkskörpers.
Im Kreislauf des Volkskörpers entdecken wir die Arterien – die Bundesautobahnen – und die Venen – die Autobahnzubringer. Hier besteht Thrombosegefahr, weil zuviele Privatautomobile die Arterien und Venen des Staates, also des Volkskörpers, verstopfen.

Wenn wir unseren Volkskörper, für den wir naturgemäß eine Verantwortung mit beschränkter Haftung tragen, wenn wir dieses Gebilde bewahren wollen vor häßlichen Krampfadern, dann müssen wir die Blutautobahnen entlasten und uns selbst mehr bewegen. Volksbewegung gegen Autostau führt zur Gesundung des Rechtsgefühls und Abbau der Staatsverdrossenheit. Deshalb erinnere ich an das Wort von Turnvater Jahn, der einmal sagte: »Sucht die Schuld nicht bei den anderen, fangt selber an, zu unterwanderen.«

Originalton

»Fleisch und Knochen stehen zueinander in ontologischer Opposition. Während das Fleisch obszön verfliegt, gehört zum Wesen des Knochens das Versprechen ewiger Dauer. Mit zynischer Selbstgenügsamkeit tragen die Knochen die Absage der Metaphysik an das Zeitliche vor, grinsend verheißen sie ein Jenseits von Fleisch und Vergänglichkeit. Nur aus entleerten Augenhöhlen fällt ein Blick, der die Krankheit des Lebens unerschüttert betrachtet. So entstehen Metaphysik und Zynismus aus demselben Impuls, die erste als Überwindung des Zeitlichen durch den Aufstieg ins Zeitlose, der zweite als sarkastisches Verweilen des Bewußtseins beim Nichtigen, Vergänglichen. Gemeinsam sprechen Zynismus und Metaphysik über dieses lächerliche Leben mit dem Humor der Vernichtung.«

Peter Sloterdijk: *Euro-Taoismus. Zur Kritik der politischen Kinetik*. Frankfurt 1989. S. 135.

Ein Normalverfall

Schau ich in den Spiegel rein,
Sagt er laut: Ach nein, ach nein!
Als ein Irrtum der Natur
Folg ich errötend meiner Spur.
Wenn ich mir an den Nabel greife,
Werde ich zur Endlosschleife.
Irre rennt der Hase, und er irrt,
weil des Igels Spiegelbild verwirrt.
Nabel, Hase: starr und stur –
Zu den Müttern, sprech ich nur.
Ist die Mutter der Natur
Die Feindin auch der Uhr?
Oder wirken Mutterhuren
Fett wie echte Butterkuren?
Bin ich Igel, bin ich Hase?
Blüht die Blume in der Vase?

Und mein Branntweinspiegel steigt,
Bis er mir die Wahrheit zeigt.
Schaut sie in den Spiegel rein,
Sag ich leis': Du armes Schwein.
Auf den Rampen rasten Bomben,
in den Zähnen bersten Plomben.
Und der Sinn von der Geschicht'
Bin ich ja schon wieder nicht.

Der bewaffnete Kampf

Es gibt in der Bundesrepublik Deutschland eine Gruppe von Menschen, die es fertigbringen, daß Streit allein dadurch entsteht, daß es keine Einigung darüber gibt, wie diese Gruppe oder diese Menschen, also die einzelnen Gruppenteile, zu benennen sind. Die offizielle Sprachregelung, die amtliche DIN-Vorschrift der fdGO schreibt vor, von »Terroristen« oder von »menschenverachtenden Mördern« oder von »ganz gewöhnlichen Verbrechern« zu reden. Andere sagen, es handele sich um Genossen und Genossinnen aus der RAF und dem Widerstand. Manche gar lassen das Wort »Guerilla« fallen, andere sagen »die Arschlöcher vom bewaffneten Kampf«. Selbst wenn man – wie ich – gegen die Einzelbewaffung guter oder schlechter Menschen wie auch gegen die allgemeine Volksbewaffnung eingestellt ist, sei's aus Mißtrauen gegenüber dem Volk oder aus der Einsicht in die eigene Mordlust, so muß ich mich dennoch davor hüten, hier nicht in sprachliche Kontaktschuld zu geraten.
In den siebziger Jahren dieses Jahrhunderts mußte man zum Exempel in der Öffentlichkeit und dabei mit Empörung in der Stimme: »Die Baader-Meinhof-Bande« sagen. Erwähnte man statt dessen die Baader-Meinhof-Gruppe, so lief man Gefahr, entweder sofort als Sympathisant erschossen zu werden oder zumindest der Sympathie für die Rote Armee Fraktion (RAF) verdächtigt

zu werden. Da aber nichtgeäußerte Gefühle mangels Beweise nicht strafbar sind, verweigere ich hiermit jede Aussage. Lassen wir doch einfach Friedrich Nietzsche den Kommentar sprechen:

»Nihilismus, als Symptom davon, daß die Schlechtweggekommenen keinen Trost mehr haben: daß sie zerstören, um zerstört zu werden, daß sie, von der Moral abgelöst, keinen Grund mehr haben, ›sich zu ergeben‹, – daß sie sich auf dem Boden des entgegengesetzten Prinzips stellen und auch ihrerseits Macht wollen, indem sie die Mächtigen zwingen, ihre Henker zu sein. Dies ist die europäische Form des Buddhismus, das Neintun, nachdem alles Dasein seinen ›Sinn‹ verloren hat.«

Friedrich Nietzsche: *Umwertung aller Werte*. Aus dem Nachlaß zusammengestellt und herausgegeben von Friedrich Würzbach. München 1977 (dtv 6079). S. 438 f.

Originalton

»Wir leben in einer verkehrten Welt, weißt du. Die Polizisten spielen die Gangsterrollen, und die Gangster sorgen für Recht und Ordnung. Die Politiker halten Predigten und die Prediger machen in Politik. Die Steuereinnehmer wirtschaften in die eigene Tasche. Die Schlechten möchten, daß wir mehr Geld haben, und die Guten gönnen uns nichts. Das bekommt uns nicht, verstehst du, wie ich das meine? Wenn wir alle das essen würden, worauf wir Appetit haben, würde zu viel geschissen werden auf der Welt, und wir hätten eine Inflation in der Klopapierindustrie. So seh' ich das.«

So spricht der Polizist Lou Ford in dem Roman *Der Mörder in mir* von Jim Thompson. Frankfurt, Berlin, Wien, 1982. In den USA erstmals erschienen 1952.

»Solange die Idee der Humanität eine ursprüngliche Kraft bewahrte, fanden ihre Vertreter auch den Mut, sie mit inhumaner Größe durchzusetzen. Die humanitären Philosophen des 18. Jahrhunderts predigten aufgeklärten Despotismus und Diktatur der Vernunft. Sie sind selbstbewußte Aristokraten.«

Carl Schmitt: *Römischer Katholizismus und politische Form*. Stuttgart 1984. Erstmals erschienen 1923.

»Wer nicht mit mir ist, ist wider mich: Das ist der Grundsatz der Revolution... Für oder gegen den Sozialismus, gegen oder für die Nationalversammlung: ein Drittes gibt es nicht.«

Rosa Luxemburg in: *Die Rote Fahne* Nr. 14 vom 29. 11. 1918.

»Bericht des Polizeiamtes Neu-Isenburg vom 20. 2. 1931 über eine Massenkundgebung der NSDAP an das Hessische Polizeiamt Darmstadt:
Die für den 19. Februar 1931 für 20½ Uhr angekündigte Massenkundgebung der NSDAP, Ortsgruppe Neu-Isenburg, im Saale der Turngemeinde wurde gegen 20½ Uhr durch den Kreisleiter Saintonges von Offenbach a/Main eröffnet und geleitet. Anwesend waren etwa 450 Personen. Nach kurzer Einleitung... erhielt der Redner des Abends, W. Trefz aus Wiesbaden, das Wort.
Er erläuterte im wesentlichen, was ein Führer sei und wie ihn sich die NSDAP denke. Als Führer kenne man bisher nur Bismarck, Friedrich den Großen, Dr. Martin Luther, August Bebel und Christus, deren Leitsatz sein müsse: ›Gemeinnutz geht vor Eigennutz!‹«

Dieter Rebentisch, Angelika Raab: *Neu-Isenburg zwischen Anpassung und Widerstand*. Dokumente über Lebensbedingungen und politisches Verhalten 1933–1945. Neu-Isenburg 1978. S. 27.

»Leute wie Strauß und Stoiber haben sich selbst außerhalb von Demokratie und Verfassung gestellt – danach sind sie zu behandeln.«

Aus einer Resolution der Frankfurter *IG Druck und Papier*, zitiert nach *Frankfurter Rundschau* vom 31. 3. 1980.

Die gewerkschaftliche Rede

Kolleginnen und Kollegen!

Wir müssen unser gewerkschaftliches Ziel stets vor Augen halten, das heißt, wir dürfen unser gewerkschaftliches Ziel nie aus den Augen verlieren. Wir müssen also konsequent auf unser gewerkschaftliches Ziel zugehen, dürfen dort aber nie ankommen, denn dann haben wir es aus den Augen verloren.
Was wir im Kopf haben, müssen wir in die Beine tun. Das nennt man die Einheit von Theorie und Praxis. Die verkörpert am besten unser Kollege Oskar Lafontaine, diese Mischung aus Radio Luxemburg und Rosa Luxemburg*: Große Pläne, nichts erreichen, aber immer gut drauf – also ein perfektes Unterhaltungsprogramm.
Und damit wir alle so werden, greif ich jetzt zur schärfsten Waffe im gewerkschaftlichen Klassenkampf: zur Einführung in die Geschichte der Arbeiterbewegung, aber auch der Gewerkschaftsbewegung. Und wer das einmal mitgemacht hat, wer unsere Schulung überstanden hat, dem kann doch im betrieblichen Alltag nicht mehr viel passieren.

---

* Dieser wesentliche Vergleich stammt nachweisbar von mir (M. B.).

Kolleginnen und Kollegen!

Die deutschen Gewerkschaften sind die einzige Organisation auf deutschem Boden, die seit über hundert Jahren erfolglos ist und trotzdem weitermacht. Das gibt doch Kraft, das gibt doch Mut, und das hilft doch auch nicht weiter.
Denn wir werden bestenfalls noch übertroffen von der Katholischen Kirche. Aber liebe Freunde, wir haben deren Finanztalente und Fälschungsfähigkeiten noch nicht. Gebt uns bloß tausend Jahre Zeit, und wir sind genausogut im Weltgeschäft. Und ich garantiere euch heute schon, daß dann die IG Metall den Papst stellen wird, den Kollegen Papst natürlich.
Kolleginnen und Kollegen!
Die entscheidende Frage heute lautet doch: Können unsere Arbeiter noch etwas leisten, oder können wir uns unsere Arbeiter noch leisten? Oder ist es umgekehrt?
Denn der Mensch steht im Mittelpunkt der Arbeitsumwelt. Und deshalb fordern wir die gerechte Verteilung der Natur bei vollem Sonnenausgleich für Nachtarbeit ohne Wenn und Aber. Jawohl, es geht um die Ökologie. Aber die funktioniert doch nicht ohne Wachstum. Denn Wachstum ist das eherne Grundgesetz von Mensch und Wirtschaft.
Je mehr keiner mehr lang, wo's weißgeht, um so mehr wächst unser gewerkschaftliches Selbstvertrauen.
Wenn wir den Gedanken des Wirtschaftswachstums verbinden mit dem Gedanken des Naturschutzes, dann erhalten wir den natürlichen Wachstumsschutz in der Wirtschaft.
Und wenn wir dann übergehen von der Arbeitsgesell-

schaft in die Freizeitgesellschaft, dann entwickelt sich die Volkswirtschaft zwangsläufig zur Gastwirtschaft, und der Alkohol dient der Humanisierung der Freizeit.

Wenn wir die Arbeitszeit radikal verkürzen auf 35 Promille die Woche, dann wird aus dem kranken Alkoholismus am Arbeitsplatz wieder die gesunde Trinklust als Freizeit-Spaß.

Humanisierung bei gleichzeitiger Alkoholisierung bedeutet Professionalisierung und Demokratisierung.

Und so möchte ich schließen mit einem Wort des Kollegen aber auch Genossen August Bebel, der einmal in seiner schmackhaften Art die Inhalte unserer Bewegung auf einen einzigen Zentralbegriff brachte, indem daß er ausrief: FEIERABEND!

Die kleinen Leute

Wer bescheißt den kleinen Mann?
Die kleine Frau – stets, wenn sie kann.
Wer bescheißt die kleine Frau?
Der kleine Mann, die dumme Sau.
Wo ist der kleine Mann? Was macht die kleine Frau?
Das Jahrhundert der kleinen Leute geht zu Ende.
Es ist nichts Erfreuliches zu berichten.
Die kleinen Leute haben versagt.
Wir haben versagt.
Unsere letzte Stunde ist gekommen.
Unser Abtreten von den Brettern, auf denen Geschichte
gegeben wird, verzögert sich noch,
wie immer beim Niedergang einer Klasse,
eines Standes, einer massenhaften Masse,
und wird begleitet von Schmerzen und Turbulenzen.
Das Böse hat sich verkrochen in den Stempelkissen
der Bilanzbuchhalter des Schreibtischmordes,
und das Gute hat sich ihm angeglichen,
da es hockt in den Antragsformularen des Sozialamtes.
Nein, nein, nein – die kleinen Leute des 20. Jahrhunderts
waren nicht die immer schon Verratenen und Verkauften,
Geschlagenen und Genasführten.
So einfach läßt es sich nicht mehr entschuldigen,
das eigene Dasein, Hiersein und Dortsein.

Wir müßten längst schon fort sein, wir kleinen Leute.
Die großen Schurken des Adels verstauben
in den Grüften verfallener Schlösser, und Graf Dracula
erzählt nur ein tröstendes Märchen für verzweifelte
 Marxisten
zum zwanzigsten Mal aus dem zwanzigsten Band –
 MEW, o weh!
Und die kleinen Leute sammeln Leitern zum Erfolg,
doch das Leben ist kein Leiterwagen, sondern Politik,
Umweltbejahung und Straßenschlacht, Randale, Krawall und Amok.
Weil aber die Bürger und Bürgerinnen nur Schemen
 sind,
weil das Bürgertum ausgestorben ist,
darum kann es auch keinen Bürgerkrieg mehr geben.
Im Jahrhundert der kleinen Leute heißt die Tragö-
 die:
Keiner macht Politik, aber jeder macht mit.
Mittäter seid ihr, statt Täter zu werden.
Die tragische Figur unserer Zeit ist nicht der schei-
 ternde Held,
sondern der überlebende Kleinbürger.
Kleine Frau und kleiner Mann
schauen sich beleidigt an.
Seit dem ersten Liebestanz
sind sie versichert bei Allianz.
Und das macht melancholisch.
Das Jahrhundert der kleinen Leute geht zu Ende.
Es ist nichts Erfreuliches zu berichten.
Die kleinen Leute haben versagt, wir haben versagt.
Wir haben die Revolution verpatzt.
Und also kommen über uns die sieben Plagen,

und es kommt die Deutsche Bank, und es kommt die Dresdner Bank,
und es kommen Chase Manhattan und Crédit Lyonnaise,
Commerzbank, Stadtsparkasse und Hypo-Bank,
und dann kommt der große Börsenkrach.
Und die kleinen Leute werden alles verlieren,
was sie gespart haben und erworben.
Und es wird ein Hamsterkaufen sein und ein Erdbeerverstecken,
Eigentumswohnungen werden sich auflösen in untilgbare
Schuldenberge und Verzweiflungsschritte,
und das Jahrhundert der kleinen Leute wird zu Ende sein.
Und übrig bleibt nur die Erinnerung an ein Sparbuch,
einen kleinen Traum im Grünen und ein bißchen Friede,
und das wird alles gewesen sein,
aber das ist noch nicht zu Ende,
denn jetzt beginnt das Jahrtausend der kleinen Leute,
und das geht weiter und hört nicht auf,
und wir sind dabei und singen Bumsvallera,
das ganze 20. Jahrhundert war erst ein Vorspiel,
und zur Sache, Schätzchen, da kommen wir noch,
lieber Mond, du gehst noch stille,
aber warte nur balde, da ruhest du nicht.

Ein Suchlied

Weil ich nach der Logik suche,
im Wald vor jeder Eiche weiche
und nur Lust hab' an der Buche,
weil ich einem Maulwurf gleiche
und das Tier in mir verspüre,
weil ich melancholisch bin
und die Niere mir massiere
mit dem Whiskey und dem Gin,
geh' ich in ein Tanzlokal
und freu' mich auf die Damenwahl.

Gestern noch auf stolzen Rossen,
heute bloß ins Kraut geschossen,
morgen fahr ich voller Zweifel
mit dem Fahrrad in die Eifel.
Mein Attentat auf Kirchturmuhren
hinterläßt nur Siebdruckspuren.
Manches schwarze Paterlein
könnte hier mein Vater sein.
Drum geh' ich in das Tanzlokal
und warte auf die Damenwahl.

Wenn das alte Jahr vergeht
und der neue Plan schon steht,
dann fühlst du es mit Ernst,
daß du jetzt etwas lernst.

Gute Tips und tolle Tage
sind die Antwort auf die Frage:
Wer hat bloß die Welt erfunden?
War'n es Käufer oder Kunden?
Drum geh' ich in das Tanzlokal
und warte auf die Damenwahl.

Epilog:
Wenn beim Tanz wir uns dreh'n
und uns doch nicht versteh'n,
kann nichts Schlimmes gescheh'n,
ja, das werden wir seh'n
auf dem Sitz und im Steh'n,
und ich küß' deine Zeh'n,
wenn beim Tanz wir uns dreh'n.

Gabelin und die Frauen

Der Feminismus, sagt Karl Graf Gabelin, ist die einzige Errungenschaft, die das 20. Jahrhundert im Abendland zugelassen hat. Ich habe meinen alten Gesprächsgegner in der Nacht vom 30. April auf den 1. Mai getroffen, in der Walpurgisnacht, die traditionsgemäß den Frauen gehört. Und Gabelin ist ein Traditionalist.
Es wird ja nichts erfunden, herrscht er mich an, oder entwickelt oder produziert, o nein, das ist der Irrtum der Macht, derer, die glauben, daß sie etwas machen. Etwas machen, ruft Gabelin, das ist obszön, nun machen Sie mal, aber schnell, wenn ich bitten darf. Etwas machen, ja, das Kleinkind macht sein Geschäft, das ist es, Machen ist Scheißen, aber man sollte sich nicht dabei aufhalten, merkt er an, schließlich wolle er heute aus aktuellem Anlaß etwas Positives sagen, nein, nichts Positives, fällt er sich selbst ins gerade ausgehauchte Wort, denn es geht nicht ums Machen, sondern darum, was die Zeit zuläßt, und das ist jenseits von Positiv oder Negativ.
Gehen wir davon aus, Gabelin öffnet eine Campingtasche und holt eine gekühlte Bierdose heraus, oder sagen wir, daß alles, was möglich ist, auch schon vorhanden ist, und daß die ausschließliche Kompetenz dafür, was aus diesem Reichtum ausgewählt wird und damit zur Wirklichkeit drängt, der Zeit zusteht. Gabelin nimmt nun einen tiefen Schluck Bier, nachdem er, begleitet von genüßlichem Zischen, die Dose geöffnet hat. Und

niemanden sonst, sagt er versöhnlerisch, keinem Genie, keiner Bewegung und insbesondere auch keinem Willen. Und wolle er noch so viel, der Wille. Ja, ich weiß, das Leben lebt nicht, und der Wille will nicht, und das Wetter wettert nicht. Aber der Wille sei nichts anderes als ein schlecht verdauter Gedanke, ein chemischer Stau im innerkörperlichen Drogenhaushalt, etwas vollkommen Lächerliches also und gleichzeitig etwas vollkommen Natürliches auch, so wie Blähungen natürlich seien und auch lächerlich.

Ja, ja, die Zeit, sagte Gabelin, sie ist es, die böse ist. Das Prinzip des Bösen ist die Zeit. Gut ist nur die Erinnerung, die Zeit aber ist böse. Aber wir kriegen sie nicht, die alte Hexe, und wenn wir noch so viele Uhren erschießen und Reisepässe und Personalausweise verbrennen, die Zeit ist unsterblich, weil sie vergeht, bevor wir sie totschlagen können.

Ja, fährt mich Gabelin plötzlich an, ich sehe es schon, Sie wollen das 20. Jahrhundert retten. Er knufft mich, der ich nicht weiß, warum mich dieser alte Feind plötzlich siezt, in die Seite. Das 20. Jahrhundert, mit seinen herrlichen Hervorbringungen, mit seinen schwer erträglichen Zulassungen.

Automobile, Kommunismus und Rentenversicherung sind Kinder des 19. Jahrhunderts, unser Jahrhundert hat den Massentourismus gegen den Klassenkampf gesetzt, den Faschismus gegen die Olympische Idee des Barons de Coubertin und die abstrakte Malerei gegen den Stumpfsinn des Daseins. Das sind die drei Tragödien unseres Jahrhunderts, wobei wir von Stalin, Mao Tse-tung und Glasnost noch gar nicht geredet haben, diesen drei großen Zerstörern der großen Idee vom Sozialismus. Ich bin Sozialist, und wenn ich der letzte bin, ich verlasse das Schiff nicht. Der Kuchen des Kommunismus ist unteilbar, ich bin Aurora mit dem roten Sonnenstern am Hut... Plötzlich verstummt Gabelin und murmelt, eigentlich sei uns nichts geblieben. Selbst Nihilismus gebe es schon bei Aldi im preisgünstigen Sechserpack. Aber zum Glück, sagt er trotzig, haben wir den Feminismus, und weil mich das als Mann schamrot macht und abwechselnd gelb vor Neid, dergestalt benachteiligt und erniedrigt zu werden von der Zeit, meiner Feindin, darum freue ich mich herzlich über all die Mädels und Weiber, die nichts mehr fürchten, als für Emanzen gehalten zu werden. Ein stolzloses Pack, das sich des eigenen Geschlechts schämt, wenn es sich an den Theken der Zivilisation an unsereinen einverständnisheischend ranschmeißt und mit dem Ausspruch prahlt, nicht Feministin zu sein.

Ha, schmettert Gabelin seinen Ruf in die Weite der Nacht, es läßt sich also immer noch der Mensch zur Sau machen, und wenn es mal nicht die Mächtigen sind, dann basteln sich die Schwachen selbst das Namensschild der Schmach. Es ist eine Schmach, den Stolz zu verweigern.

Nur zwei Klassen von Frauen verdienen diesen hohen Namen, die Feministinnen und diejenigen, die sich um die Einordnung ins Feminat, Patriarchat oder in andere Gattungsharmonien nicht sorgen. Die Distanzierungsschwestern aber, die in schleichender Selbstentehrung und mit heterohechelnder Angst vor dem Vorwurf, lesbisch zu sein, sich durch ihr unwürdiges Dasein quälen, diese Olme des Unglücks, ja, diese Lurche der selbstverdunkelten Höhlenqual, sie verdienen unsere Hilfe,

also unsere Gemeinheit. Nicht die Kämpferinnen, sagt Gabelin, nein, die Dulderinnen brauchen unser Verständnis und unser Mitleid. Mitleid ja, als ob es nicht schon genügend Leid gebe!
Gabelin wirft einen faustgroßen Basaltstein in ein Fenster von Dr. Müllers Sexshop. Das Geräusch, sagt er, das einzige, was heute noch zählt, ist das Geräusch, und er zeigt mir, bevor wir in die nächtlich leere Innenstadt aufbrechen, einen ganzen Berg aus Basaltsteinen.

Rotkäppchen 3

Es waren einmal sieben Guillotinen, die hatten ihr Lebtag nur Gurken geschnippelt und Tomaten in Scheiben geschnitten und Sellerie desgleichen. Wenn sie so während der Arbeit beieinandersaßen, dann sagten sie oft:
»Immer nur junges Gemüse in Scheiben schneiden, nein, das kann es doch nicht gewesen sein, das macht doch keine Freude.«
Da ging an einem ganz normalen Vierundzwanzigstundentag die Tür auf, und es kamen herein der Unmut, der Frust und die Langeweile.
Da kam Rotkäppchen, die mit den sieben Guillotinen befreundet war, und sagte: »Lieber die Barbarei als die Langeweile!«, holte seine Maschinenpistole aus dem Nachttisch und schrie: »Gorbatschow, Kalaschnikoff, und ein bißchen Putz und Zoff« und schoß die drei ungebetenen Besucher in Grund und Boden, zumal deren Preise schon wieder gestiegen waren.
Als sich der Krach gelegt hatte, jubelten die sieben Guillotinen und tobten und sangen:
»Wir wollen auch Fleisch schneiden. Schneiden tut weh, am Hals und am Zeh. Juchhe!«
So beschlossen Rotkäppchen und die sieben Guillotinen, daß sie eine Weltreise starten und überall eine große Sinnkrise ausrufen würden.
Denn wenn keiner mehr weiß, wo's langgeht, dann läßt er sich im Ernstfall auch um einen Kopf kürzer machen.

Nachwort

Das vorliegende Buch erhebt keinen Anspruch. Diesen vielmehr erhebt sein Verfasser, den Anspruch nämlich, wesentliches beizutragen zu einem zeitgemäßen Begriff des Politischen. Benutzt wird hier eine Methode, die bisher sich in der Wissenschaft noch nicht durchzusetzen vermochte, die kabarettistische Methode, die sich von der dialektischen durch ihre Überlegenheit unterscheidet. Dagegen hat sie mit allen anderen wissenschaftlichen Methoden gemein, nichts über ihre Wirkung auf den Leser und die Leserin zu wissen.
Die kabarettistische Methode, die auf die tragische Wirklichkeit mit komplementär gesteigerter Erkenntniskomik reagiert, weiß, daß »ohne selbstkritische Ironie kein Fortschritt objektiver Erkenntnisse möglich« ist (Gaston Bachelard, Psychoanalyse des Feuers). Das heißt, daß die Selbsterkenntnis des Mittelmaßes weder sich selbst verdrängt noch den Traum von Größe. Damit ist die kabarettistische Methode urdemokratisch und monarchistisch; sie ist in der Sache unerbittlich, in der Form freundlich, unterhaltsam, entspannend. Sie allein ist das Versöhnungsangebot der Kunst an die Wissenschaft.
In diesem Sinn wird das nächste Jahrtausend vielleicht doch nicht so furchtbar, wie sein Ausgangspunkt, das zwanzigste Jahrhundert, es erahnen läßt. Es gibt nicht den geringsten Anlaß, auf Besserung zu hoffen, und

darum ist der Lebensfreude als der allumfassenden oppositio oppositorum wieder frei Bahn gewonnen.

Knaur Ⓚ
Satire

WOLFGANG FRANKE
LORE LORENTZ

Originalausgabe

EINE SCHÖNE GESCHICHTE
Eine historische Stunde im Kom(m)ödchen

Band 2175 · 120 Seiten · ISBN 3-426-02175-7

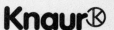

Hildebrandt, Dieter, u. a.
Von Gau zu Gau oder die Wackersdorfidylle
Der Scheibenwischer zur Wiederaufbereitung.
140 S., 37 s/w-Fotos. [2185]

Lorentz, Lore /
Franke, Wolfgang /
Morlock, Martin
Marschmusik für Einzelgänger
Ein Soloprogramm von Lore Lorentz mit Gedichten des großen Satirikers Martin Morlock, die Wolfgang Franke, Hausautor des Düsseldorfer Kom(m)ödchens in einen aktuellen Rahmen gestellt hat. 96 S. [2194]

Scheibenwischer/Zensur
Das Buch enthält den vollständigen Text der inkriminierten Sendung mit einer Dokumentation über die Reaktionen in der Öffentlichkeit. Vorwort von Heinrich Albertz.
112 S., 13 s/w-Fotos. [2188]

Hildebrandt, Dieter /
Müller, Hans-Christian /
Polt, Gerhard
Krieger Denk Mal!
Ein Buch zur moralischen Aufrüstung. 144 S. [2120]

Faria Faria Ho
Der Deutsche und sein »Zigeuner« – das Buch zum SCHEIBENWISCHER über Sinti und Roma. 104 S. mit Illustrationen von Dieter Hanitzsch und umfangreicher Anhang. [2179]

... in diesem
unserem Lande
Deutschland nach der Wende. Eine satirischernste Bestandsaufnahme.
107 S. mit 47 Cartoons. [2125]

Jonas, Bruno
Der Morgen davor
Ein kabarettistisches Monodram.
Treffsicher und schlagend – das neue Soloprogramm aus der Lach- und Schießgesellschaft von Bruno Jonas. 128 S. [2722]

Schneyder, Werner
Gelächter vor dem Aus
Die besten Aphorismen und Epigramme.
256 S. mit 14 Abb. [2108]

Satz für Satz
Ein Kabarettprogramm mit Fußnoten.
128 S. [2135]

Wut und Liebe
Gesammelte Ansichten.
Treffsicher nimmt Werner Schneyder den Zustand unserer Zeit mit satirisch gespitzter Feder aufs Korn.
256 S. mit Illustr. von Luis Murschetz. [2190]

Bisher sind in der Bibliothek der Deutschen Werte erschienen:

Mathias Richling
Der Deutsche Selbstverstand *(Band 2724)*

Eckart Hachfeld
Die Deutsche Seele *(Band 2726)*

Dietrich (Piano) Paul
Das Deutsche Lied *(Band 2727)*

Henning Venske
Die Deutsche Arbeit *(Band 2728)*

Ottfried Fischer
Der Deutsche Bauer *(Band 2733)*

Ulla Hildebrandt und Walter Drechsel
Die Deutsche Gemütlichkeit *(Band 2736)*

Anne Rose Katz
Der Deutsche Mann *(Band 2738)*

Wolfgang Ebert
Der Deutsche Verkehr *(Band 2740)*

Karl Hoche
Die Deutsche Treue *(Band 2758)*

Klaus Peter Schreiner
Der Deutsche Verein *(Band 2759)*

Martin Buchholz
Die Deutsche Verfassung *(Band 2764)*